藍學堂

學習・奇趣・輕鬆讀

成功者的5種好樣子

商業周刊——著

目錄

CONTENTS

Part 1 思想｜你怎麼想，決定你怎麼做 007

Part 2 習慣｜你做什麼，決定你是什麼 059

Part 1 思想

你怎麼想，決定你怎麼做

There is nothing either good or bad but thinking makes it so.

(William Shakespeare)

無論好事壞事，全都來自思想。

～英國劇作家　莎士比亞～

美的集團創辦人何享健

先給別人更大的舞台

中國製造業首富何享健，如何從一台電風扇起家，在舞台、人才與授權上創造出獨特生命力，最後做到白色家電隱形帝國？

自己想要多大的舞台，你先要給別人一個更大的舞台。這是中國製造業首富——「美的」（Midea）集團創辦人何享健的事業精髓。

他給的舞台有多大？在這個集團旗下，總共有近兩百個總經理，舞台最小的手握營收人民幣五億元的公司，而廣東美的電器則是最大事業體，二〇一一年（編按：何享健於二〇一二年八月，以七十歲之齡退休交棒）營收人民幣九百三十一億元，相當於台積電二〇一一年新台幣四千三百億元的營收規模。

發展舞台、人才、授權，這個堅實的鐵三角，讓這集團營收從二〇〇〇年到二〇一一年裡，成長超過十二倍；二〇一一年達到人民幣一千四百億元（約合新台幣六千五百億元），是台灣三家老牌家電公司大同、東元、聲寶營收總和的三倍多。

廣東佛山市順德區，是中國美的集團旗下，專門生產微波電器的馬龍基地，同時也是全球最大的微波爐製造據點。

二〇一一年，全球微波爐七千萬台的市場總用量裡，高達三七％、二千六百萬台的微波爐都出自這個生產基地。它們貼上松下（Panasonic）、西門子（Siemens）、瑞典伊萊克斯（Electrolux）等牌子，送往全世界銷售。

這集團還供應了全世界壓縮機二五％的量，其他像是電鍋（中國稱電飯煲，美的全球占有率三分之一）、飲水機、電磁爐、變壓器也都做到全球領導地位。

§ 專看別人的失敗

美的集團，全球白色家電的隱形帝國。

員工暱稱為「何老總」的何享健，只有小學畢業，他靠什麼建立一個帝國？

一走進總部產品展示間，就能看到玻璃櫃裡一座生鏽斑駁的金屬風扇，這是一九八〇年代由何享健親手打造而成。集團創立的時空背景，則是中國文化大革命仍如火如荼的一九六八年。

起步低，是所有企業最公平的地方，剩下的就得靠自己的努力和智慧。

大家對何享健的評語就是：「用功！」他學歷不高，學習態度和毅力卻讓人折服。

每週一，集團有一個早茶會，所有一級主管參加，聽來輕鬆，像是邊喝茶邊開會，實際上卻更像「找碴會」。何享健會一一問主管，最近哪家企業虧損，國家整體出口衰退，「你怎麼看？」「二月份中國對外貿易第一次出現三百多億的貿易逆差，你們怎麼看這個問題？」

何享健的「題庫」來自於每天早上喝茶、看報紙，數十年如一日的習慣，他不看別人成功的故事，專看企業失敗的故事。「我一直以來都比較關注人家的教訓、犯的錯誤，比人家成功的要關注得多。」何享健認為，別人成功的經驗不一定能被複製，「但是失敗的教訓，值得我們去提醒、產生危機感。」

如果你創立的公司剛突破營收人民幣一千億元大關，來自全球的幾千名貴賓，一起在你剛落成的企業總部裡參加了這場慶典，你有什麼感受？

多數人會沉浸在張燈結綵的氣氛中，何享健卻起了憂心。

§思考長治久安之道

二〇一〇年十月底，美的總部啟用典禮剛落幕，宣布二〇一五年營收挑戰人民幣兩千億元（約合新台幣九千四百億元）。不料，幾天後何享健召集集團一級主管開會，主題不是鼓勵，不是更高的成長目標，而是停止一切對外活動與媒體曝光。

隔年春節過後，何享健更喊停了該年度所有擴張計畫，約人民幣六十億元的投資案，全數胎死腹中。這還不只，他更下令，集團奉行數十年、以營收成長為絕對目標的策略，一夕間推翻；二〇一一年開始，獲利成長率成為所有人新的考核指標。

一級主管聞訊全部傻眼，因為，這無異於否定了美的過去的成功模式。大家在會議上激烈爭辯，不時面紅耳赤，光是一級主管間的溝通，就長達一、兩個月，最後還是在何享健的堅持下，二〇一一年中整個擴張「急煞車」。

原來，慶典上的何享健腦中滿是質疑，質疑這樣的成長，是不是有價值的成長？有沒有泡沫？是不是虛假的繁榮？

這不是這集團第一次自我「否定」，每一年、每個階段、甚至可能每個月就會來一次變革，何享健更經常把「永遠的不變就是變」這句話，掛在嘴邊。

「不同階段的企業有不同的戰略，現在這個階段講多產品，提高毛利，保證回報率，管理要從粗放轉到精細化管理，再把人跟成本降下來，」何享健說，現在工資上漲、中國經濟成長放緩，以前閉著眼睛衝就能成長，現

這樣想他

不同階段的企業有不同的戰略，永遠的不變就是變。

在，遊戲規則不一樣了。

「我們有錯又怎樣？要否定就否定。我自己錯就錯，實實在在，成功的企業家、成功的經理人做到這一點也不容易，」何享健用濃濃的廣東口音飛快的說著。

他很務實，誰都會犯錯，因此要時時反思、知錯必改，但事後一定要檢討、吸取教訓，而且每個階段新的戰略，都要清清楚楚。如果說美的曾經「岔開路」，就是之前曾收購雲南、湖南汽車產業。當時何享健對這個新事業興致勃勃，但三、四年裡的累積虧損超過人民幣四億元，他毅然決定放手，全面退出汽車業。他自己帶頭認錯，讓經理人印象深刻。

公司要長治久安，「股權要搞好，制度、權、利要分清楚，」何享健分享他的管理心得。掌握好股權，也為他想徹底分權立下基礎。

§開創中國專業經理人接班先河

二〇一二年退休前幾個月，他拿出個人部分持股，轉讓給五十多位高階經理人。若以二〇一一年美的出售一五・三%股權給兩家法人機構，平均一個百分點轉讓價人民幣五億五千萬元（約合新台幣二十五億元）計算，等於要送出總值新台幣七十七億元的分紅，每位經理人平均可分得市值約新台幣一億五千萬元的美的股票。私人分紅毫無吝色，「很多老闆做不到！我是真

他這樣做　將集團奉行數十年、以營收成長為絕對目標的策略，一夕間推翻；2011年將獲利成長率列為新的考核指標。

金白銀拿十多個億出來，分給五十個人！」他說。

何享健認為，「要長期激勵他們，他們努力在幹嘛！我可能拿十幾個億出來，幫我再創造不只十幾個億出來，我就是這個觀點，抓住這個錢幹啥呢？有錢，能合理的用錢就可以了嘛！」

何享健二〇一二年讓出集團董事長的職位給年方四十五歲的副董事長方洪波，而非交棒給自己的兒女。如今，在美的集團董事會中，除了不參與經營的大股東代表（包括其獨子何劍峰）和策略投資者外，其他董事清一色由專業經理人擔任，讓這家家電巨頭正式全面進入專業經理人掌控的時代，開啟了中國現代企業傳承的先河。外界皆對此交棒布局給予極高的評價。

現任美的集團董事長方洪波，原是一個企業內部報紙的小編輯，一九九二年進入美的，二十年後，從集團董事長何享健手上接下大位；機電集團總裁蔡其武原本是大學教授，所學的跟電器一點也沾不上邊；來自四川窮鄉僻壤的農村青年姜德清，在這裡工作十七年後，不僅成為香港上市公司總經理，薪水還成長五十倍、年薪近新台幣千萬元。平步青雲的可能，在美的集團永遠存在。何享健讓每一個階層的員工都相信，只要是人才，有一天能被看到，被重用，不管你的出身為何。

美的集團從鄉鎮企業起家，看似有政府背後撐腰，實則資源遠不如規模龐大的國企。早年，美的連採買原物料都沒處買，還是何享健大街小巷給走出來的。但他也清楚，要把企業做大、做長遠，光靠文化水平不高的創業團隊是做不到的，因此他比多數創業者更早、也更重視人才。

§大膽放權，大筆給錢

一九九一年，何享健開了鄉鎮企業首例，聘請了第一位博士員工，這件事情還上了當時全國性報紙的頭條，也成了美的活廣告，很多大學生相繼投上門來。員工規模還只有幾百人時，每一位高學歷的工程師到美的報到，何享健都會親自請他吃頓飯。

何享健吸納人才的方式，說穿了就是「人性」兩個字。人性要的是什麼呢？他看得透徹，一要物質回報，二要發展空間，三要信任與尊重。

何享健告訴我們，「我為了人才，可以犧牲自己的利益。我明白沒有人才，什麼都幹不出來！」

九〇年代初期，中國大學畢業生人數增加，但工作採分配制，美的規模小、拿不到配額，乾脆開了五倍於國營企業的薪水找人，現在好幾位集團子公司的總經理，都是當時被高薪「引誘」來的。

早年它靠高工資吸引人才，九七年改制為事業部後，又加上分紅獎金。這是年度例行、全面性的，當該事業部達成績效目標時，以獲利為分母，再乘上由規模、達標比率綜合而成的百分比係數，就是整個事業部共享的分紅獎金。外界估算，年薪加上分紅、獎金，美的一級主管的年薪，應可超過新台幣一億元。

為了建立這個充滿希望的平台，何享健第一件事，就是對自己的家人開鍘。

何享健的太太與他一樣，同為公司二十三位創辦人之一，一家人包括兒子何劍峰與女兒，都曾在美的工作。九〇年代，何享健為了「去家族化」，要求家人全數離開美的集團；當時，何太太只是一位倉庫管理員。兒子、女兒後來各自創業，從事金融投資等工作。之後何享健明文規定，所有高階主管的直系親屬都不能在美的工作，徹底杜絕只憑血親用人、通暢升遷管道。

「首先給人家感覺是，來了美的是有機會的，不光是何家人才有機會，你只要有能力，你就有機會，」現任美的日用家電集團總裁黃健分析，這會有宣示作用，讓人才願意留下來。

§靠制度防弊

談到何享健的分權放權，美的壓縮機事業部總經理向衛民用十六個字來概括，叫「集權有道、分權有序、授權有章、用權有度」，集團也好、事業部也好，都有一本分權手冊，照章行事。

何享健授權得很徹底，向衛民也是有樣學樣，「我們做預算的，在預算

這想	
他樣	自己想要多大的舞台，你先要給別人一個更大的舞台。 舞台、授權，是促成人才留下來的關鍵誘因。

之內我都不簽，多少金額我都不簽。」他大笑著說，「我都不簽了，何況何老總呢？本來何老總他交給我，沒想到我甩得一乾二淨。」

「每年我們銷售一百多個億，包括購、銷我一個字都不簽，什麼新的供應商啊、要什麼價格啊、我不用簽，我們採購總監簽了就行了，你說這授權充不充分？」預算之外，新增投資人民幣五千萬元（約合新台幣二億三千萬元）以上，才要上報。

何享健敢給、敢放，當然也敢要求。「用人的標準，我是職位、能力排第一。第二，講白一點，有沒有能力幫我賺錢，給他任務能不能幹得好，做人也要實在，」何享健身邊的一級主管，跟著他的時間都超過二十年，經歷大小戰役存活下來。人是怎麼選的？「我靠感覺，人要給機緣給他、給機會給他、給平台給他。」

不過，他最厲害的制度，叫作「現金不見面、收支兩條線」。意即，不論你是採購、業務、甚或事業部主管，所有的金流都不會經過你手，全權由集團獨立運作的財務公司負責收、付款。

「你總經理拿不到錢，你管財務的，一個人拿不到錢，要幾個人同謀一起才能拿到錢，」何享健對自己設計的這套制度很得意，「一個錢都不容許有小錢怪。」

「我敢於放權，由於我有駕馭（稽核與金流管控）能力，一天幾個億元

他這樣做

重視人才，不惜重金，釋出持股給專業經理人，徹底放權；
集團和各事業部依分權手冊，照章行事。
家族退出經營層，只透過制度和流程來防制弊端。

運作都不用我簽名的，」何享健大笑，又用力拍了一下桌子說，「主要我不想管，我不管就想辦法，想辦法就通過制度、通過流程去制衡，有一套手段，就是這樣。」

舞台、授權，是促成人才留下來的關鍵誘因，使美的今天能成為世界上家電品項最多、最完整的集團。何享健則是一路避開誘惑，不碰政治，不碰黑電（手機、電視機之類），只是一直強調戰略要從粗放走到精緻，管理、產品都是如此。

何享健 小檔案

一九四二年生，廣東佛山市順德人。小學畢業，美的集團創辦人。一九六八年何享健和二十三位農民集資人民幣五千元，創辦「北街辦塑膠生產組」，生產塑膠瓶蓋，一九八〇年開始製造風扇，投身家電行業。二〇一一年成為中國製造業首富，二〇一二年在《富比世》中國富豪榜名列第四，一二年八月自集團董事長職位退休。

優衣庫創辦人柳井正

成功一日就可捨棄

從一家小西裝店社長做到全球第四大平價服裝品牌，日本首富柳井正成功的秘密，正是永遠不滿足自己成就的危機感。

東京最貴的商業地段六本木中心點，日本首富、亞洲第一大平價服裝品牌Uniqlo（中譯優衣庫）創辦人柳井正，在他三十一樓的辦公室向外眺望；天氣晴朗時，從這兒能看到日本第一高峰富士山。

§永遠只給自己打七十分

四十一年前，他只是日本本州農業區山口縣的小西裝店老闆；近十年日本經濟停滯，日本服飾零售類銷售總額縮水近四成，但Uniqlo營收卻十年成長五倍。二〇〇八年金融海嘯後，〇九年Uniqlo營收逆勢成長近一成七，增幅超越ZARA和H&M。《日經》（*Nikkei Business*）形容柳井正是「不景氣中唯一的『獨勝』」。同年，日本產業能率大學舉辦年度最佳社長票選活動，連續兩年，他被五百多位社長（總經理）選為「最佳社長」，勝過豐田（Toyota）社長豐田章男。

不過，站在能眺望富士山的高度，他評價自己：「我只給自己打七十分。」「七十分只是及格，我的目標是一百分，但我永遠看不到一百分的樣子！」

他把別人眼中的大成功視為小成功，把成功視為失敗的起源；他前進的動力，不是自我感覺良好，而是自我否定，「在越惡劣的環境，會越努力，沒有『劣等感』，什麼也做不好，」他說。

柳井正接受《商業周刊》專訪時強調：「大部分的人，會把一點點小成功當成連戰連勝，因為他們的標準非常低。」為避免被小成功沖昏頭，他隨時警惕自己：「成功一日就可捨棄！」

只有拋棄小成功，才能追求大成功。這個信念，來自於他的父親。

日本第二次世界大戰宣布投降四年後，柳井正於一九四九年出生。同年，其父親在山口縣創辦小郡商事，賣西裝給附近的上班族。

身為家中獨子，父親從小告訴他：「無論做什麼事，都要做第一名！」

他與父親的關係很微妙，彼此較量，又彼此信任。「在一個家中，兒子永遠會認為父親是夥伴也是競爭對手，我與父親同樣經營事業，這種意識會更強烈，尤其我與父親都有不服輸的性格。」

年輕時，他不把父親「第一名、第一名、第一名」的要求當回事，心裡質疑「第一名真的那麼重要嗎？」轉捩點在接手父親事業的第一年，早稻田大學政治經濟系畢業、又到過外商賣場工作的他，覺得家裡事業組織鬆散、員工效率不彰，導入美式管理，卻被員工抵制，六名員工跑掉，剩下一人，他由小老闆變成進出貨、會計出納、幫客人量身訂做西裝，一手包辦。

此時，愛罵他的父親卻連一句話都沒斥責，反倒將公司帳本和印章交給他。那一刻，平時輕如耳邊風的「第一名」，竟霎時在心中定錨。

他頭一次感受到經營者的壓力，「在那瞬間，我有無法回頭，絕對不能失敗，一定得努力的覺悟。」

§ 成功中包藏失敗的芽

一九八四年他成立Unique Clothing Warehouse（Uniqlo前身），在廣島開設一號店。開幕當天六點不到，門外已擠滿人潮，他模仿美國陳設，挑高屋頂，加寬走道，營造出倉庫簡潔感，訴求低價一千九百日圓起，連續兩天都擠滿人潮，他笑著說「當時簡直就像是挖到金礦！」

以為成功可以複製，他迅速開出二號店，占地是一號店四倍大；但廉價熱潮一過，二號店營收不佳，把先前獲利全部賠上。

這次經驗，養成他對成功具有高度不安感，「成功中潛伏著失敗的芽。」他學會冷靜的看待自己，找出成功中包藏的失敗的芽。

一次徵求批評的舉動在業界引發話題。九五年，Uniqlo業績正好，他卻在媒體刊登「誰能講出Uniqlo壞話，我就給他一百萬。」

Uniqlo全球溝通部部長真英郎解釋，日本人很少直接反映意見，必須設計誘因，才能得知顧客真正心聲。

結果，批評信如雪片般飛來，一萬封回信多數指向品質問題：「洗了兩回腋下就破了」、「T-shirt洗一次領口都鬆掉，爛死了」、「樣式是歐巴桑才會穿的吧！」Uniqlo最後選出批評最透徹的客戶奉送一百萬日圓。

這些批評讓他知道Uniqlo產品不夠水準。看業績彷彿成功，看品質卻是失敗。而從小摸著西裝料長大的柳井正，很難容忍自身品牌被視為品質不佳，他決心做到「便宜且品質好」。

「面對失敗，或把它丟到一邊，全看經營者，」他說：「每個人都討厭失敗，如果你把它蓋上蓋子埋葬，你只會重複同一種失敗。失敗不只讓你受傷，失敗一定會蘊含下一次成功的芽，一邊思考一邊修正，才不會有致命的失敗。」

如何提高品質？柳井正決定全面跳過中間商，直接赴中國挑選製造商。品質的第一戰是刷毛外套（fleece）。剛開始研發時，布料不保濕、光澤度不

他這 樣想	只有拋棄小成功，才能追求大成功。成功中潛伏著失敗的芽。

好，直到柳井正率一級主管赴日本纖維大廠「東麗」公司請求合作，取得原料後到印尼紡紗、中國縫製，把fleece做得薄一些，降低成本仍足夠應付都市的寒冷，價格壓低到一千九百日圓，並發展各式亮麗顏色。

結果，fleece熱賣兩百萬件，三年總共賣出近三千六百五十萬件。店鋪也在三年內由三百多家突破五百家，打響Uniqlo便宜又品質好的名號。

一雪賣爛貨的恥辱，從一萬封抱怨信的失敗中，他挖掘出成功的芽。

§安定志向是一種病

刷毛外套熱賣帶動其他商品，一般經營者看到營收獲利成長高興都來不及，但柳井正觀察到，Uniqlo內部出現「自動販賣機效應」。他發現，店員覺得只要擺上商品，就會自動賣出去，完全不用大腦，忽略顧客需求，行為與心態僵化。

果然，失敗緊跟著成功的腳步而來。刷毛外套熱潮退去後，缺乏接棒的明星商品，二〇〇二年，Uniqlo上市後首次出現年營收下滑。《日經》以「熱潮退去，Uniqlo只剩下便宜嗎？」評論。

此外，〇一年Uniqlo首次進軍海外倫敦設點，並號稱三年內海外展店五十間，計畫並不順遂。

他這樣做

1995年，Uniqlo業績正好，卻以重金公開徵求消費者批評的聲音，決心做到便宜卻品質好。

這次他革新的是自己。他思考，自己年過半百，應讓優秀年輕人接棒，讓Uniqlo更有競爭性，於是五十六歲的他辭去社長（總經理），交棒給三十九歲的玉塚元一，自己擔任會長（董事長），退居第二線。

然而，玉塚接手後，不但營收未見明顯成長，獲利也開始下滑，距離世界第一的目標越來越遠。忍到〇五年，他以董事長身分參加全球店長大會，當場心中警鈴大響，決定換下玉塚，重回總座掌舵。

店長大會上，有些想把Uniqlo當跳板的店長上台發言：「未來成為政治家也不錯」，「希望退休後可以做想做的工作」……，台下的柳井正一臉鐵青，心想：「我們的店長怎麼都抱持受薪階級的想法？為何對銷售沒有追求極致的熱情？」

他檢討，Uniqlo的價格與品質受到肯定，營收卻與ZARA、H&M越差越遠，癥結在於「安定志向這種病」。

當接班人認為事業已經成功，便缺乏自我批評、勇於嘗試、接受失敗的勇氣。柳井正在《成功一日便可捨棄》這本書中，分析當年他重回舞台的想法：

「也許跟世間一般的看法完全相反，年輕的玉塚是安定派，我是激進派，玉塚所做的確實很踏實，但我們是要在全球活動的企業，他這樣會危及公司革新，我不想讓Uniqlo成為一間普通的公司。」「我不管在營業額急減

這想 他樣	安定志向是一種病。公司每3年一定會遇到成長瓶頸， 用同一套邏輯無法成功，必須改變模式。

時，還是Uniqlo變有名的時期，都認為應該要挑戰。」

柳井正有一套三年理論，公司每三年一定會遇到成長瓶頸，用同一套邏輯無法成功，必須改變模式。他堅信所謂成功，就是變得保守，「成功之時，就是失敗的起點。」

§不會游泳的人就滅頂

回任後，柳井正展開一連串組織改革，最令業界驚訝的有兩點：一、每年和高階經理人簽約，業績和獎金連動，業績未符者降級減薪。二、〇八年他把一批執行役員（社長以下最高階主管）降成部長。

翻開Uniqlo執行役員名單，〇九年，二十一名執行役員中，因離職或汰換，已讓七個人的名字消失。

不成長就淘汰的做法，被日本媒體形容為「非情（冷酷不通情理）」。

他用父親對待他的方式對待員工，堅信嚴格使人成長。位於山口縣柳井正老家十五分鐘車程，Uniqlo擁有占地兩萬八千坪的客服中心、訓練中心、管理部門以及倉庫。客服中心入門處掛著一幅引自微軟創辦人比爾・蓋茲（Bill Gates）的話：「不會游泳的人，就讓他沉到水底吧。」

《日經》訪問曾經在Uniqlo的員工說「我從沒看過Uniqlo有鬆懈的時

他這樣做　2005年重回總座掌舵，展開一連串改革，高階經理人業績未符者降級減薪。

候。」柳井正會不定時到店鋪勘查，在每週經營會議上，若哪位店長沒有意見，柳井正會說「你下次可以不用來了。」他看每一份客服中心彙整的顧客意見報告，檢視每件商品的企畫案，每樣商品開發都需他拍板定案。

在他的強人意志下，〇八與〇九年金融海嘯中，他交出漂亮成績單，不但營收增幅高於ZARA、H&M，且在紐約、倫敦、巴黎、上海等國際都市，最熱鬧、昂貴的街道上，開起一家家大型旗艦店。

柳井正期望，「十年內，Uniqlo營收五兆日圓，達到世界第一，」但Uniqlo目前的營收，僅ZARA、H&M一半，要追上它們，還得有大策略才行。

柳井正　小檔案

一九四九年生，畢業於早稻田大學。一九八四年接下父親的西裝店社長，由賣西裝轉型賣休閒服，同年創Uniqlo；二〇〇二年一度退出經營第一線，二〇〇五年回任社長兼會長。依《富比世》調查，柳井正為二〇〇九、二〇一〇、二〇一二年日本首富。

全球傘材王陳添福

永遠比別人多想一步

福太集團董事長陳添福從香蕉王國做到雨傘王國，如今是全球傘材供應鏈霸主。在這種夕陽產業，他如何能六十年立於不敗？

當年，台灣香蕉大王陳查某曾笑他，明明賣香蕉就可以賺大錢，哪有人笨到賺了錢，還要花外匯投資做雨傘。也就是這點與眾不同，陳添福創立的福太洋傘，不但是台灣第一家製傘工廠，即使在台灣雨傘王國沒落的今天，它，依然在傘材供應鏈上稱霸全球。平均全球五把傘中，就有三把傘含有福太生產的傘材。不論是從一支一百元的廉價傘，到一支上萬元的Burberry、Chanel……等名牌傘，都是陳添福的心血。

看到陳添福，如同看到台灣的經濟發展史。他不但是台灣雨傘工業的第一人，翻開經歷，更可從香蕉王國，一路說到雨傘王國。

從賣香蕉到台灣製傘第一，陳添福究竟有何能耐，撐出這一片天？

一九五一年，距離台灣光復不過六年，福太從台北孔廟旁的蘭州街起家，當時的陳添福是貿易行的經理，賣過鳳梨罐頭，也賣香蕉。但是他心裡想，難道台灣只能賣廉價的農產品賺錢嗎？台灣不能有工業嗎？也就是這樣的念頭，當年二十六歲的他，決定創業。但是資金哪裡來？他一手賣香蕉，一手又把賺來的錢再去進口雨傘零件。

就是這樣從九人工廠開始，陳添福的堅持，不但率先做出全台灣第一家雨傘廠，而且保持了一甲子的第一，即使到現在，他仍然是全球傘材的霸主，營收更是從當年的一百零八萬元，做到一年營收七十四億元（二〇〇八年），擁有十家關係企業。

陳添福的地位，堪稱台灣的「傘父」，台灣區製傘公會總幹事刁世勳說：「它（福太）的地位沒有人能夠撼動，是整個產業的頭頭，包含大陸。」

陳添福的成功在於，他永遠比別人早想一步。

§要賺長久財，而非機會財

時間回到一九五一年，當時台灣號稱「香蕉王國」，政府為了累積外匯，因此鼓勵出口農產品。陳添福，是貿易公司負責出口的年輕經理，業務前景看好，他卻決定成立福太行，從日本進口傘材零件，在台灣利用廉價勞力縫製、組裝後，做成雨傘成品出售。

這個決定，跌破眾人眼鏡。當時外銷農產品可以享有許多優惠政策，但政府對消耗外匯存底的進口事業，卻課以高額關稅抑制。雨傘零件進口，面對的是六五％關稅，而且兌換外匯時，還有抵押保證金等種種限制。

「陳查某（香蕉大王）笑我：『大家為的是賺香蕉錢，所以可以買雨傘賠錢（編按：日本為平衡逆差，因此要求台灣必須購買工業品，傘材也是選項之一），那你要來做雨傘工廠？』」陳添福笑著回憶。

「董事長對決策很堅持，往往事隔幾年以後，才看到他是對的，」公司老臣、時任總經理林如村觀察。

受日式教育的陳添福，做事一板一眼，在業界是出了名的嚴肅，很少人看過他笑，不過談起生意，他的眼光神準。當時所有人看到是香蕉錢好賺，但是陳添福看的卻是市場逐漸飽和的危機，對他來說，香蕉再賺也沒有幾年，洋傘才剛起步，雖然辛苦，但是只要做出來就可以賺個幾十年。

把目標放在長久財，而非機會財，寧可犧牲眼前暴利的生意算盤，讓陳添福選擇當新興產業的先驅，比別人永遠早一步培植實力。

福太行成立時，台灣根本沒有製傘工廠，更遑論製傘工業，加上當時進口關稅高達六五％，再加上成本，壓得陳添福根本喘不過氣來。

不過擅於逆向思考的陳添福，反而從壓力中找到另一個商機。他發現若是進口未完全加工的鐵管，關稅一降就降到二〇％，因此福太行成立兩年後，他又成立福太洋傘工廠，把福太的版圖擴及原料加工。

福太練兵四年後，台灣始有第二家洋傘工廠，「雨傘王國」之勢也逐漸成形，大小規模的製傘工廠紛紛成立，陳添福回憶：「當時招一個會，就可以開一間雨傘工廠了。」民間甚至喊出「客廳即工廠」的口號，農閒時的家庭也成為雨傘組裝的下游「生產基地」。

雖然競爭者如雨後春筍般冒出，福太因為比別人早至少四年起跑，在技術、市場上都已經站穩腳步，加上充分掌握關鍵傘材，讓他可以在雨傘王國起落中，始終保持第一。

§ 把競爭者變客戶，分利結盟

台灣雨傘王國極盛期，一年可賺一百二十億元外匯，全台大大小小至少有三百家工廠。不過此時，陳添福卻做了第二個跌破眾人眼鏡的決策。面對前來搶市場、勞工的同業，他不以技術或規模優勢加以排擠，反而把福太自製的傘材賣給他們，讓他們也能生產和福太品質一樣的雨傘。

「那時台灣是雨傘的供應王國，我想，那如果雨傘的材料是我在供應的時候，這個生意就能做，」陳添福得意的解釋：「人家說這是鋪橋造路給人走，其實我只是賣材料而已。」

謹守「賺長久財」的原則，陳添福和同業分享技術成果，雖然在雨傘市

這樣 他想	把目標放在長久財，而非機會財。

場上面臨更多競爭，卻也開拓出新的傘材市場。把競爭者變成客戶，反而掐住對方喉嚨，穩賺製傘的利潤。

如果一直停留在終端產品上競爭，市場總是兩、三年就換人當第一，最後勢必落入價格戰。福太捨棄競逐市占率的零和遊戲，轉型成雨傘王國背後的後勤中樞，供應前線所需的糧草彈藥。

奇招奏效，福太的營收不但不受競爭影響，反而水漲船高，「當時，（傘骨）還沒有電鍍，加工廠就搶著拿走了，」一時任業務經理張耀輝描述當時盛況。等著買傘材的人龍，甚至擠到五股工廠外的馬路上，每個人爭著擠進福太，搶購傘材。

雖然景氣正熱，不過陳添福對產業前景的警示燈，又開始嗡嗡作響。就像香蕉產業，雖然外銷金額屢創新高，但王國卻隨後迅速殞落；希望賺長遠利潤的陳添福，又一次做出與眾不同的決策。

別小看一根傘骨，陳添福可是把它拆解成九家公司在經營。

一九七〇年開始，陳添福陸續成立關係企業，以傘材分類公司，例如：傘骨交由福泉鋼業生產，木製、塑膠製的握把則是福島工業專責，而中棒則交給福昶金屬製造……。隨著專業工廠誕生，福太的傘材規模更大，也進一步衝高營收。

為了能迅速成就工業，陳添福採取的策略，是和日本人廠合資，福太並

他這樣做

看到香蕉市場飽和的危機，毅然投入才剛起步的製傘市場。
又把福太轉型傘材供應商，讓競爭者變成客戶，穩賺製傘的利潤。

非百分之百擁有股權。明明生產的內容皆是陳添福擅長的領域，為什麼還要找日本人來分享獲利？這步棋，背後也蘊含深意。

盤點手上資源，傘材雖然跨足鋼鐵、木業、鋁業等領域，但卻是技術含量較低的「手工業」，所以陳添福以傘材的利益為誘因，和各工業技術第一的前輩結盟，踩在巨人的肩膀上，連帶壯大自己的聲勢和技術。

「福太不只是做雨傘的手工業，而是做工業，」陳添福站在穩定的製傘基礎下，小心翼翼的開始延伸觸角，為下一個十年的營收提前做規畫。

多角化經營的福太，不但成功避開雨傘王國沒落的壓力，在關係企業開枝散葉後，像做槽骨的福泉，而後生產摩托車鏈條零件，在東南亞市占率達五〇％；福昶跨足電熱管用的鐵管，全球市占率亦達二五％；福正生產的電容器鋁殼，占日本市場的六成，都是全球數一數二大廠。

§墊高技術，生產高價傘

不過到一九八〇年代後期，台灣工資成本大漲，大陸的工資不到台灣的十分之一，對勞力密集的製傘工廠來說，是前所未有的挑戰。

「我從第一名，（一下子）變成第八十五名，」為了鞏固寶座、拉開與同業的差距，陳添福這次選擇下苦工。

別小看一支傘，福太至少擁有三、四百件專利，是目前全球專利數最多

這想 他樣	比別人永遠早一步培植實力。

的製傘公司。不論是二折、三折、四折傘，甚至全球第一支自動開合傘，專利都在福太身上。儘管開發費時三、五年之久，必須運用力學和機械原理，精算彈簧、輪軸、繩線的負重度。也因為不斷研發，讓福太再次稱霸。

福太首先突破業界慣用的鐵製傘骨，開發出鋁製傘骨，讓產品價格提高五倍。福太能夠克服這個連日本傘也做不到的事，要歸功於多角化經營的技術回饋。因為福太在電子業有做鋁的產品，所以把技術拿回來嘗試，從異業援引經驗和技術，讓本業也受惠。出品高級傘、號稱「傘界LV」的國巨洋傘，為了取得高階傘材，就密切和福太配合，例如國巨曾經賣出的一把三萬元的LV洋傘，其中的傘骨就是來自福太。

有一次，國巨洋傘的董事長李銘智到廈門看福太開發的新式傘材，才早上八點，沒想到一走進工廠，陳添福已經站在工廠，對員工精神訓話了。

「你認為你早，但他還是比你更早，」有人這樣評述。

永遠早一步，讓陳添福和福太，在一甲子後的今天，依然讓台灣傘國日不落。

陳添福 小檔案

一九二五年生，台北商業職業學校（現改制為台北商業技術學院）畢。一九五一年創福太行，一九五三年創立福太洋傘工廠，現任福太關係企業董事長。

他這樣做

多角化經營，成功避開雨傘王國沒落的壓力。
和日本大廠合資，技術結盟，踩在巨人的肩膀上，連帶壯大自己的聲勢和技術。

張忠謀：下棋高手，是可以看到終局的

台積電董事長張忠謀是台大管理學院教授湯明哲最推崇的思考者。他的思考能力究竟是如何培養出來的？

張忠謀指出，對企業經營來說，其實獨立思考還不夠；企業需要創新，這需要苦思或靈機來產生洞察。「以學問的金字塔來說，最底層是raw data（資料）。我們大學教育，讓很多人可以把raw data組織成information（資訊）；information上面是knowledge（知識），這個過程，我認為需要經過個人的internalize（內化），他才能夠說，這知識是我自己的，這個過程就是獨立思考。」

「一個知識系統是一個金字塔，你可能需要建立好幾個金字塔。例如半導體是很大的產業，受世界大國財經變化的影響很大，所以我需要好幾個金字塔，然後經過苦思，或是靈機一現，像電光一閃，才會有洞察。」張忠謀指出，這是更高的一層，有了洞察，就有創新、發明。

張忠謀說，他也常常陷入苦思，當有一個相當棘手的問題，不知如何解決，必須想一個辦法。就等於下棋一樣。你下一步棋，對手的反應可能有好幾種，他反應A你要怎麼做？他反應B你要怎麼做？他反應C，你又要怎麼做？你再下一步，他又有各種可能的反應。這是很複雜的分岔樹，假如腦筋實在轉不過來，可

以一步步寫在紙上。

「但是依我個人的經驗，還是放在腦子裡想比較好（笑）。畫那麼多東西，反而會阻礙思考。」

張忠謀說，我們的對手不一定是敵人，環境也是你的大對手。在台積電，張忠謀也常用這種問題，來測試同仁是不是想清楚了。他說，我們應該怎麼怎麼做，我就問他，假如有這個後果，你會怎麼樣？

有的同仁答得出來，有人就解決不了。答出來的，張忠謀會接著問下去。「你知道，下棋的最高手，是可以看到終局的；中等的，也至少能看好幾步。」張忠謀會勸同仁多想幾步，越能多想，決策的成功率就越高。

不過，很多時候苦思也沒有用。「因為苦思以後，得到洞察，可是這個洞察，可能就是說：大環境沒有希望啊！（笑）並不表示，有洞察，就能解決問題。」

苦思有沒有師父領進門的方法？「我想沒有。如果有，我也可以做一個師父啊！可是我並不感覺我這師父做得很成功。其實在台積電，好幾年我都在講思考，對二、三十個人講，假如有一個人的習慣改變，那我就認為是很成功了。」

張忠謀也常常演講，下面有兩、三百人，但他的心裡想，只要有其中十個人聽了他的演講而改變了思考習慣，那自己就會很高興了。「沒有別的竅門，只有你真的相信這套東西能讓你更快樂一點，你才會照著做，進入思考的堂奧。」

日本「新經營之神」鈴木敏文

徹底實踐基本功

日本7-Eleven之父，一手打造全球便利商店今日的面貌，三次企業變革，開創亞洲最大零售王國，未曾失敗。日本人常常要問：現在，鈴木在想些什麼？

鈴木敏文，日本7-Eleven之父，現任SEVEN & i控股公司（柒和伊控股公司）代表取締役會長（董事長）兼執行長。以一個毫無消費與零售經驗的「門外漢」，一手建立了現今全球人們看到的便利商店經營模式。

進入SEVEN & i控股公司總部，就在接待大廳的上方，有一行顯眼的漢字：「因應變化唯一的方法就是徹底實踐基本工作。」

「現在是一個變化劇烈的時代，我們常常會不自覺的將所有焦點都放在因應變化上；但經營的原點，在於徹底實踐基本工作，唯有確實做到基本，才有可能因應變化，如果，一直無法如預期般成長的話，或許就該重新由徹底實踐基本的工作做起。」鈴木敏文如此闡述。

這句話，是鈴木敏文本人的經營哲學，其實也是他的人生哲學。

§正面迎戰性格弱點

鈴木敏文出生於日本長野縣一個地主的家庭，童年時期正值日本軍國主義崛起；青少年時期二戰爆發，日本戰敗後的社會變革風起雲湧，農地改革、廢除佃農，一連串的變化，都讓鈴木所生長的地主家庭首當其衝。時局的戲劇性變化，讓他意識到變化躲無可躲的現實。

大環境如此嚴苛，鈴木敏文的母親卻仍要求每個孩子，一定要灑掃庭除，幫忙家務，還設下規矩，「如果不工作，就沒有飯吃。」有一次，鈴木敏文發高燒，母親也不讓他逃避工作，嚴厲到鈴木敏文本人都懷疑，自己到底是不是媽媽親生的孩子？也就是因為家教嚴格，讓他從小就養成，「不管是什麼事，絕對不逃避」的習慣。

童年的他害羞、體弱，乍看外表，一點都沒有引領時局變化的潛力。他怕生、不善言詞，第一次去考高中面試，因為口試過於緊張，結結巴巴，答不出問題而落榜。他是家中孩子跑步速度最慢的，常常被兄弟姊妹取笑，他甚至形容自己，因此有「劣等感（自卑）」。

但這個害羞孩子，選擇正面與自己的弱點戰鬥。為了克服口齒不清的缺點，他參加演辯社團，結果因為不敢看台下的人，只好一直看著窗外雨中的梅樹。但，靠著一次又一次的挫敗、再練習，從國中到高中六年時間，他終於練就可以在別人面前講話的本事，甚至成為學生會長。

跑不快，他中學時，報名參加田徑隊，拚命練習，最終成為縣短跑選手代表。

「人生就像是一場馬拉松，變化不會停止。」鈴木敏文說道。

鈴木敏文在成為「成功企業家」前，在職場蹲馬步的階段，做過形形色色的工作，不管工作內容多麼不起眼，他總是有本事，像是小時候練習跑步、演講一樣，把基本功做到最好，甚至做到令人驚奇。

他三十一歲那年進入零售流通業，但在進入企業之後，才意外發現，必須做不是當初應徵時他們承諾他的工作內容，鈴木敏文硬著頭皮，撐了下去，結果陸續歷練了行銷、人事、公關等職務，居然還做得有聲有色，在保守的日本企業組織，不僅兼任工會書記，還在四十歲那年就升任企業董事。

「原本我是不擅於以計算為生的，回顧過去，我的人生還滿漫無計畫的，只是我在面臨問題的時候，每一次都是很努力去解決，我覺得這應該是我兒時所培養出來的。」鈴木敏文表示。

§門外漢創立零售王國

四十歲那年，鈴木敏文在美國第一次看到了由美國南方公司經營的便利商店7-Eleven，一家兼賣飲料、生活日用品的小店。當時一聽說，美國7-Eleven已經開了千家店，鈴木敏文心裡十分興奮，決心引進。

這想 他樣	不管是什麼問題，絕對不逃避，要很努力去解決。 妥協是很簡單的，但一旦妥協了，所有的一切都結束了。

一九七三年，鈴木敏文取得7-Eleven日本經營權。但美國南方公司在提供給日方的二十七本標準作業手冊中，除了會計系統之外，絲毫沒有鈴木敏文期待的、可以馬上應用於日本市場的行銷、物流與管理知識，他唯一從課程學到的是，「零售是本土的事業」這個觀念。

當初大張旗鼓，才談下的便利商店，就要正式引進日本了，可是營運方法卻是一片空白。他只好正視困局，硬著頭皮開第一家店。

一九八〇年代，日本的零售消費市場相對美國落後，缺乏現代化的管理制度，也缺乏有效率的物流配送。因為倉儲配送方式，完全由賣方決定要配多少貨給商家，賣得好的貨補不到，賣不好的貨就庫存為患，嚴重侵蝕獲利。一個問題要獲得根本解決，往往牽一髮而動全身，普通人經常會在某個環節就因為困難而放棄，鈴木敏文的堅持則非比尋常。

舉例來說，為解決庫存問題，先去說服盤商將進貨單位由「箱」，改為「個」，說服賣方依照品項小額進貨；盤商擔心小額配送不符經濟規模，會造成虧損，於是指責鈴木「不懂物流常識」，但鈴木所做的，並不是當「乖小孩」妥協，而是設法除掉盤商擔心的因素，於是逐步發展出了「分區密集開店」方式，一次選定某個區域，快速展店，店鋪密集，就沒有送貨量太少的問題。

小額配送，可以說是後來鈴木改革零售物流配送體系的初始；而為了

他這樣做

強迫自己修正性格及體能上的弱點，當上學生會長、短跑選手。
不懂營運，硬著頭皮開店，說服盤商改變配送模式，解決庫存難題。

小額配送而發展出的分區高密度開店策略，加上單品管理的概念，則成為7-Eleven阻絕競爭對手進入地盤的重要策略。

§試吃三十年的熱情

九〇年代，日本7-Eleven開始積極發展生鮮食品，加強開發便當等米飯料理。鮮食大量製造的技術，在二十年前並不算是成熟，那時賣的炒飯之所以不合格，就是因為缺乏適合大量製造的炒鍋，結果商品下架之後，商品開發團隊另外花了一年半的時間，才開發了適合的炒鍋，做出鈴木認為口感合格的炒飯。這個新商品「道地炒飯」推出後，立刻成為人氣商品，平均每家門市一天可以賣出二十個。

「妥協是很簡單的，但是一旦妥協了，所有的一切就都結束了。」鈴木敏文下了結論。

事實上，這三十年來，每天中午，只要沒有特別的客人，7-Eleven的董事每天都要試吃自家的產品。鈴木敏文掌舵全球第一超商龍頭，從推出生鮮商品的三十年來，扣除週六、日與應酬，近萬個日子的午餐，都以7-Eleven的商品解決，甚至假日還經常帶著試吃品回家。

「這是一個半年後、一年後，整個社會會變成什麼樣，只有上帝才知道的時代。」「面對變化，經營的原點就在於徹底實踐基本工作。」鈴木敏文不斷這樣告訴他的子弟兵。日本7-Eleven的一切成功，都來自於一場完全不鬆懈、不妥協的基本功耐力賽。

鈴木敏文 小檔案

一九三二年生，一九六二年加入伊藤洋華堂，四十一歲代表公司與美國南方公司談判，成功爭取7-Eleven引入日本。一九九二年升任伊藤洋華堂社長，啟動三次企業改革皆成功；二〇〇五年成為日本最大、全球第四大上市零售集團。

「小郭台銘」巨騰國際董事長鄭立育

要想三件做不到的事

巨騰董事長鄭立育，是個一定要求答案的鐵血老闆。夠盧、夠愛學、夠重感情，他做事就像瘋狗一樣，不只咬，咬到以後，肉還要吞下去！

這個人，滿眼殺氣，他用「紅領帶管理學」，超越郭台銘，成為鴻海在筆記型電腦塑膠機殼上最大的競爭對手。

他是巨騰國際控股主席（即董事長）鄭立育，業界稱他「小郭台銘」，一個一定要求答案的鐵血老闆。員工接到他的電話，立刻立正站好，為了立即找到問題、解決問題，他的手機常常氣得摔壞，員工形容他找答案的風格是「瘋狗」，夠盧、夠愛學、夠重感情，「因為他找答案就像瘋狗一樣，不只咬，咬到以後，肉還要吞下去。」

二○○○年才轉戰中國設廠的巨騰，原本是台灣最大電腦機殼噴漆廠商，當時台灣筆記型電腦廠大舉外移，不畏當時稱霸的機殼王鴻海，鄭立育完全從頭做起，為何赤手空拳的他敢與鴻海對抗？為何他能在五年內快速超越鴻海，拿下全球筆記型電腦塑膠機殼王？

關鍵就在於一份鴻海的分析報告。

§問題不解決不行！

「他（指郭台銘），真的很聰明，二〇〇三年就看出我們，他有團隊專門在分析，每年都在調查我們，」鄭立育說。這份郭台銘手上握有的巨騰SWOT分析，清楚寫著，巨騰優點是：「領導者企圖心強」、「組織目標爆發力強」、「與OEM／ODM關係好」；缺點是：「財務彈性低」。

瘋狗精神，「不只咬下去，還要把肉吞下，把東西做出來，」鄭立育說。鴻海分析一針見血，巨騰不但不迴避，立即根據郭董的分析大力改進，「分析差沒有關係，關鍵在於你有沒有確切當回事解決。」

為了徹底改善財務彈性，鄭立育決定採取瘋狂的速戰速決低價策略，果真在二〇〇五年就取代鴻海及奐鑫，成為全球市占率第一，距離他中國創業不過五年；市占率衝上第一後，他又搶在二〇〇五年十一月在香港掛牌，目的是集資四千六百萬美元（約合新台幣十四億元）。

這正是鴻海眼中巨騰的致命弱點，但也因鄭立育吞得下問題，才會激出這桶金。有了這筆四千六百萬美元的財務挹注，巨騰快速發展IMR技術（膜內漾印，讓黑白機殼轉變成彩色機殼的關鍵技術），才真正奠定塑膠機殼王的地位。

轉戰中國後的巨騰，完全從不熟悉的模具廠做起，後進者要打贏先進者，講贏面就要先講策略。「當時我想，五八六（ＣＰＵ的速度）都比手打快了，筆電還能進步什麼呢？」在業界摸了二十年的鄭立育，噴漆訓練的直覺，第一個想法就是外觀。

當時筆電外殼只有黑白，根本沒有花花綠綠色彩和圖案，更別提ＩＭＲ技術。但是鄭立育就從二〇〇四年開始，陸續投入二千五百萬美元，超過新台幣八億元，開始研究ＩＭＲ技術。第一座工廠就花了一千萬美元。他當時的想法是，要做第一，一定要拚到技術領先。「一年花一千萬美元還看不到生意，不簡單，」偉創力筆電工程處副總經理甘銘祥說。

§二十萬個工序都要搞定

鄭立育，不只夠敢，而且做事講謀略。為了與老虎及狐狸交鋒，「我的腦中不只要想十件要做的事，還要想三件做不到的事，」他說。

鄭立育拿著三十三公分寬的黑潮機，這個就是他曾經想做而做不到的事。你不能想像，就在一・三秒內，控制上千個物理化學變數，瞬間沖模而成一片機殼，就是在短短兩年內，他不但做到，而且成為巨騰的金雞母。

巨騰也有一張產品開發的秘笈，上面畫著的是十年的產品開發時程表。

回頭核對，二〇〇八年才開始走紅的ＩＭＲ技術，巨騰早在四年前就開始研發；而當時新力（Sony）及戴爾（Dell）幾個月後才要推出的客製化機殼，巨騰也早在三年前就開始動工；即使是〇九年才要上市的碳纖機殼，巨騰二〇〇五年就已開始研究。

八億元資金的投入，對一個還不成氣候的後進者，壓力相當大。不過善於緊咬問題，找出解決方案的鄭立育，絲毫不害怕。「你知道模具廠多難管啊，一個模子兩、三百個料件，每一個加工都六、七道，加起來有幾道？一個模子要不會delay（延遲），管理要多好，模具至少有一百多個零件，撞在一起又不會出事，」他說。

一個廠區，兩百套模具撒進去，料件一百五十乘以兩百個模子，就是三萬道進料參數，還要再乘以六到八個工序，一做就是二十萬個工序，才有辦法把這個模子做好。因為管理模具練就出來的功夫，鄭立育投入開發ＩＭＲ技術時，也是這樣一道一道拆解成本。

要控制問題點，就必須精算「直通率」。直通率是，從買進材料的第一關開始，一直做到最後一關的成本及良率。為了讓直通率可以有效控制，必先過五關，包括人、機、料、工法、品管，甚至倉儲、週轉都要算出最大成本效益決策點。

別小看十四吋的黑潮機面板，鄭立育硬是解決一千個缺點，也因為有效控制每一環的直通率，IMR技術二〇〇六年二月一上市，第一個月就達到至少二十萬片機殼，初次量產的巨量，九成五良率之高，跌破所有人眼鏡。

他早已料到，IMR一炮而紅後，兩年內一定有人大量模仿，他的「藍海」時間只有兩年，兩年後勢必進入價格殺戮紅海。換句話說，IMR八億元的投入成本，要在兩年內翻幾番賺回才行，因此每一個研發參數，都關係到量產的良率及經濟規模，「成本要算得很精準，才會有量，如果把成本拉得很高，量就不會大，」他說。

而良率及規模，關鍵更在前端試模時的直通率，他決定自己控制每道技術的變數，才能掌控發球權。他從「實驗開模」一步一步做，有時一開就是二、三十個，這就是巨騰最厲害的研發核心。他帶著工人「一個一個數據的調、一個一個數據的算，實際要量產會發生多少事情，都要一步一步列仔細，」他說。

§ 戴上紅領帶準備開罵

別看一百八十公分的個頭，鄭立育心細如髮的精明，業界都知道他追問題的厲害。「很多人待在我們工廠裡面，那很辛苦啊，啊就天天試啊，有時候試到三更半夜，還在開會，還在罵人，」鄭立育說。

在巨騰中國吳江廠裡，「我在三樓罵，所有樓下客戶的RD（研發人

他這樣想	不只要想10件要做的事，還要思索3件做不到的事。

員）全都跑光光，因為怕被掃到，」有時他自己會到工廠現場去盯問題，「我就說，你閃不掉，你死了！」他自己都笑說。

因為巨騰員工很多都是黑手或師傅出身，鄭立育管理自有一套。碰到任何有爭議的問題，他會先叫員工背四句他發明的管理口訣，「先不要談論責任，拖延事情；先問自己單位應該做什麼；再問自己可以幫其他單位做什麼；再追查原因與責任。」任何人吵，鄭立育就叫他背一遍，問題自然解決一半。

不過面對自己的火爆脾氣，鄭立育也有一個很妙的「紅領帶管理法」。在吳江的廠區裡面，大家都知道，若是那天鄭立育戴著紅色領帶出現，就是罵人的先兆。很多人都以為他是臨時起意罵人，「其實罵人三天前都去查了很多事情，準備那天開罵。」

早期，鄭立育每週必戴紅領帶，但是現在戴的機率越來越少。他說，紅領帶其實是要管理自己，也教育幹部，要管理自己針對問題找答案，不能罵過頭，「準備好了再發脾氣，時間由我訂，才是好的管理者，」他說。不過他會開放過年那個月，讓員工暢所欲言，嚴格的管理，也要有疏洪的管道。

鄭立育 小檔案

一九五八年生，高職畢，現為巨騰國際控股主席，公司在香港掛牌。

他這樣做　在技術上提早研發布局，一個產品製程可以追出1千個問題，一一解決。

學習MECE、金字塔思考法

解決問題，可說是所有經營者最重要的工作之一。如何思考、找出解決方案？世界著名的麥肯錫式問題解決方式，是一套圍繞著一個MECE的概念。他們是一群企業醫師，憑藉著問問題、假設病症、解決問題而著稱。這是一套訓練思考力與解決問題的能耐。

麥肯錫的前任顧問依森・雷索〈Ethan M. Rasiel〉出版的《專業主義：麥肯錫的成功之道》書裡講到，麥肯錫人員手中的任何文件，包括備忘錄、任何報告、任何電子郵件和語音郵件都必須要是MECE。

MECE〈Mutually Exclusive, Collectively Exhaustive〉就是「彼此獨立，互無遺漏」。也就是對於一個重大的議題，能夠做到不重疊、不遺漏的分類，而且能夠藉此有效把握問題的核心，並解決問題的方法。麥肯錫的成員利用這個概念，自行發展樹狀圖或金字塔圖。

麥肯錫強調的是這幾個樹狀圖的層次畫出後，必需滿足「彼此獨立，互無遺漏」原則。用這方式，幫你看見細節和全貌。

大前研一用MECE的思維方式推論「金字塔結構」的方式，是將其分類整理，然後從資料中找出證據導出結論，再把這個結論當做尋找下一個證據的資料，這種層層累積的方法，最後形成金字塔。位於金字塔頂端的那一顆唯一的石頭，就是唯一結論。最早提出「金字塔結構」的人是麥肯錫的第一位女顧問芭芭拉・明托，在一九七三年，她還將此出版成書。

譬如，一家想要提升收益的飯店業者，究竟該如何做才能達到目的。透過金字塔結構法，大前研一會先蒐集該飯店與競爭者的相關資料，進行資料分類，再分別找出它們之間的因果關係、順序關係，以此為本，構成金字塔。再一步步導出「該飯店的收益高度依賴餐飲部門利潤」……，最後推到金字塔的最頂端——解決關鍵是「該飯店的成功關鍵在於確保名廚」。

不論是金字塔結構法或ＭＥＣＥ，上述找問題、追問題方法，都已經不是新的思考迴路。但是，之於知識廉價化時代的來臨，知識整合者，將會是未來的權力擁有者。

想成功 先想怎麼搞砸

巴菲特曾說：「蒙格對我的影響無可取代；他用思想的力量，讓我從猩猩進化到人類，否則我會比現在窮得多。」蒙格的思想，究竟有什麼魅力？

「股神」巴菲特，全球商界無人不曉，但巴菲特有位相伴五十年的合夥人、現任波克夏・海瑟威（Berkshire Hathaway）的副董事長——查理・蒙格（Charles T. Munger），卻異常低調。巴菲特對他推崇備至，兩人共同創下了波克夏的投資績效傳奇。

查理・蒙格經常受邀為美國知名大學在畢業典禮上演講，告訴畢業生如何在生命中獲得成功。他指出，獲得智慧是一種道德責任，並強調雖然他讀的是法學院，但若要在生活中和學習上取得成功，最好的辦法是：掌握跨領域的知識。同時，他也經常分享他人生思想的核心：總是反過來想。以下整理他幾場演講的精華摘要：

你們當中一定有許多人覺得奇怪：這麼老還能來演講啊！（聽眾大笑）

嗯，答案很明顯：他還沒有死（聽眾大笑）。為什麼要請這個人來演講呢？我也不知道。

我已經把今天演講的幾個重點寫下來，這其中有許多具有普世價值，也有許多是顛撲不破的道理。是哪些核心的觀念幫助我呢？我非常幸運，在很小時就明白這樣一個道理：「要得到你想要的東西，最可靠的辦法，是讓自己有資格擁有它。」這是個十分簡單的道理，這是黃金法則。

有時候，你會發現，有些徹頭徹尾的惡棍，死的時候卻能享有財富和名望，但是周圍的絕大多數人都知道，他死有餘辜。這讓我想起一個故事。有個像這樣的混蛋死掉了，神父說：「有人願意站出來，對死者說點好話嗎？」沒有人站出來，還是沒有人站出來，依然沒有人站出來。最後有個人站出來了，他說：「好吧，他的兄弟更糟糕。」（聽眾大笑）這不會是你想要的下場。以這樣的葬禮告終，不是你想要的人生。

獲得智慧是一種道德責任，不僅是為了讓生活更美好，而且有一個相關的道理非常重要，那就是必須堅持終身學習，光靠已有的知識，在人生中走不了多遠；離開校園以後，你們還要繼續學習，這樣才能走得更遠。

就拿波克夏公司來說，波克夏長期而大規模的投資績效，可能是人類有史以來最出色的。讓波克夏在這個十年賺大錢的方法，在下一個十年未必那麼管用。因此，華倫・巴菲特（Warren Buffett）不得不成為不斷學習

他這樣想　要得到你想要的東西，最可靠的辦法，是讓自己有資格擁有它。

的機器。

§學習所有重要領域的所有重要觀念

我不斷的看到，有些人的生活越來越好，他們不是最聰明的，甚至不是最勤奮的，但他們是學習機器。他們每天夜裡睡覺時，都比那天早晨聰明一點點。孩子們，這種習慣對你們是很有幫助的，特別是在你們還有很長的路要走時。

這漫長的一生當中，沒有什麼比持續學習對我的幫助更大。拿巴菲特來說，如果你們拿著計時器觀察他，會發現他醒著時，有一半時間是在看書。他把剩下的時間，大部分用來跟一些非常有才華的人進行一對一的交談，有時候是打電話，有時候是面對面，仔細觀察，華倫很像個學究，雖然他在世俗生活中非常成功。

另外一個我非常受用的道理，是當年在法學院學到的。那時有個愛開玩笑的教授說：「什麼是法律頭腦？如果有兩件事交織在一起，彼此關聯影響，你只考慮其中一件，而完全不顧另外一件，以為這種思考方式既實用又可行的頭腦，就是法律頭腦。」

我知道他是在說反話，他說的那種「法律」方法，是很荒唐的。這給我很大的啟發，促使我去學習所有重要領域的所有重要觀念，因為真正重要的大道理，涵蓋了每個領域的九五％內容，所以，對我而言，要從每個領域汲取自己所需要的九五％知識，變成思維習慣的一部分。

這種習慣幫了我很多忙，讓生活更有樂趣，讓自己變得更有建設性、對別人更有幫助，也讓我變得非常富有，而這不能只用天分來解釋。只要適當練習，這種思維習慣真的很有用。

但如果你對知識只是死記硬背，以便能夠在考試中取得好成績，那麼這種知識不會有太大幫助。你必須掌握許多知識，在腦中形成一個思維框架，在往後的日子裡能夠自動的應用。

§ 把問題反過來想，更清楚

在追求知識的過程中，有兩種思維習慣對我影響很大。第一，透過偉大的代數數學家雅各比（Karl Jacobi,1804-1851，德國代數學家及分析家）提倡的逆向思維來思考問題。雅各比說過：「反過來想，總是反過來想。」我通常會先蒐集各種錯誤判斷的例子，仔細思考如何避免這些下場，由此得到正確的判斷。第二，因為熱中於蒐集誤判例子，所以我完全不管不同行業、不同領域之間的界線。畢竟，既然各個領域充斥著顯而易見的愚蠢事例，為什麼還要在自己的世界裡搜尋某些無足輕重的新蠢事呢？除此之外，我已經明白，現實世界的問題不會恰好落在某個學科的界線之內，總是跨越了彼此界

他這樣想

獲得智慧是一種道德責任，必須堅持終身學習，
光靠已有的知識，在人生中走不了多遠。

線。如果兩件事物的關係密不可分，只考慮其中一個而無視另外一個，那麼這方法是大有問題的。

對於複雜的適應系統以及人類大腦而言，如果採用逆向思考，問題往往更容易解決。如果把問題反過來思考，通常能夠想得更清楚。例如，如果你想要幫助印度，應該考慮的問題不是：「我要怎樣才能幫助印度？」相反的，應該問：「我要怎樣才能傷害印度？」

讓我現在就來使用一點逆向思考。

什麼會讓我們一生失敗呢？我們應該避免什麼呢？有些答案很簡單。例如，懶惰和言而無信會讓我們人生失敗。如果言而無信，就算你優點再多，也無法避免悲慘的下場。

§如何過上悲慘的生活

如果你想知道如何能過上失敗悲慘的生活，以下是我的「忠告」：

第一，要反覆無常，不要虔誠的做你正在做的事。只要養成這個習慣，就能綽綽有餘抵消所有優點帶來的效應，不管那種效應有多大。如果你喜歡不受信任，並且不打算成為對人類最有貢獻的一群人，那麼這帖藥最適合。養成這個習慣，你將永遠扮演寓言裡的那隻兔子，只不過跑得比你快的不再只是一隻優秀的烏龜，而是一群又一群平庸的烏龜，甚至還有些拄拐杖的平庸烏龜。

第二帖藥是，盡可能從你自身的經驗獲得知識，盡量別從其他人成功或失敗的經驗中廣泛的汲取教訓，不管他們是古人還是今人。這帖藥肯定能保證你過上悲慘的生活，取得二流的成就。

只要看看身邊發生的事情，就能明白拒不借鏡別人的教訓所造成的後果。人類常見的災難全都如此沒有創意：酒後駕車導致身亡；魯莽駕駛引起殘疾；無藥可治的性病；加入毀形滅性的邪教，聰明的大學生被洗腦後變成行屍走肉；由於重蹈前人顯而易見的覆轍而導致生意失敗；還有各種形式的集體瘋狂等等。

避免廣泛吸收知識的另一種做法是，別去鑽研前輩的最好成果。這帖藥的功效在於讓你得到盡可能少的教育。

從前有個人，他勤奮的掌握了前人最優秀的成果，儘管開始研究分析幾何的時候，他的基礎並不好，學得非常吃力。最終，他本人取得的成就引起了眾人矚目，他是這樣評價自己的成果：「如果我比別人看得稍遠一點，那是因為我站在巨人的肩膀上。」

這個人的骨灰如今埋在西敏寺，墓碑上有句異乎尋常的墓誌銘：「這裡安葬著永垂不朽的埃薩克・牛頓爵士」。

我為悲慘生活開出的第三帖藥是，當你在人生戰場上遭遇第一、第二或

這樣想	現實世界的問題不會恰好落在某個學科的界線之內，總是跨越了彼此界線。

者第三次挫折時，就請意志消沉，從此一蹶不振吧。因為即使是最幸運、最聰明的人，也會遇到許許多多失敗，這帖藥必定能保證你永遠深陷痛苦的泥淖中。

為了讓你能過頭腦混亂、痛苦不堪的日子，我所開的最後一帖藥是，請忽略小時候人們告訴我的那個鄉下人故事。曾經有個鄉下人說：「要是知道我會死在哪裡就好啦，那我永遠不去那個地方。」大多數人和你們一樣，嘲笑這個鄉下人的無知，忽略那樸素的智慧。如果我的經驗有什麼可供借鏡，熱愛悲慘生活的人，應該不惜任何代價避免採用這個鄉下人的方法。若想獲得失敗，你們應該將這個鄉下人的方法，貶為愚蠢之極、一無是處。

做為一個公認的傳記愛好者，我認為假如達爾文是哈佛一九八六級畢業班的學生，他的成績大概只能排到中等，然而現在他是科學史上的名人。如果你希望將來庸碌無為，那麼千萬不能以達爾文為榜樣。

達爾文能夠取得這樣的成就，主要是因為他的工作方式；這種方式有悖於所有我列出的悲慘法則，而且還特別強調逆向思考：他總是致力於尋求證據來否定已有的理論，無論他對這種理論有多麼珍惜，無論這種理論是多麼得之不易。相反的，大多數人早年取得成就，然後就越來越拒絕新的、反證性的資訊，目的是讓他們最初的結論能夠保持完整。他們變成了菲力浦・威利（Philip Wylie,1902-1971，美國小說家）所評論的那類人：「他們故步自封，滿足於已有的知識，永遠不會去瞭解新事物。」

最後，盡可能不要客觀，也就不必為了世俗好處多多而讓步或有負擔，因為客觀態度並不只對偉大的物理學家和生物學家有效，連對管路維修工的工作都有幫助。因此，如果你認為忠於自己，就是堅持年輕時的所有觀念，那麼不僅將踏上極端無知的道路，還會承受職涯中不愉快的經歷所帶來的痛苦。

這次類似說反話的演講，應該以類似說反話的祝福來結束。這句祝福的靈感來自那首講小狗去多佛的兒歌：「一步又一步（leg over leg）」，下面是我對同學的祝福：在座諸君，願你們在漫長的人生中，日日以避免失敗為目標而成長。（本文節錄自《窮查理的普通常識》一書，商業周刊出版）

查理・蒙格　小檔案

一九二四年一月一日出生於美國內布拉斯加的奧馬哈，現任波克夏・海瑟威公司副董事長，董事長為股神華倫・巴菲特。蒙格於一九四八年取得哈佛法學博士後。在一九六五年之前自營事務所，擔任房地產律師。在巴菲特主張下，他放棄了法律的專職，專心致力於管理投資事業。兩人在一九五九年相識以來，即成為親密的朋友和投資夥伴。

這樣想他	如果採用逆向思考，問題往往更容易解決。 如果把問題反過來思考，通常能夠想得更清楚。

Part 2 習慣

你做什麼，決定你是什麼

The second half of a man's life is made up of nothing but the habits he has acquired during the first half.

(Fyodor Dostoevsky)

人們的下半生，決定於上半生所養成的習慣。

～俄國文豪　杜思妥也夫斯基～

心臟科名醫魏崢

差一％也不行

資深醫生為病人動刀，往往自覺沒什麼新變化值得一提，但台灣心臟病權威醫師魏崢，行醫近四十年來，仍每次將細微的不同與心得記錄下來，因為，他不想放過任何一％的風險。

完美，很難；百分之百，更難。難道做到九九％還不夠好？如果因為那一％，就等於失去一條人命，你還會認為百分之百不重要？這樣的理念，就是振興醫院心臟醫學中心主任魏崢行醫四十年最重要的價值觀。

所以，他養成了每個月記錄手術心得的習慣，「通常是比較針對技巧方面的小tips，」魏崢說明。主動脈剝離手術、心臟移植手術等，依據不同手術類型，都會有一個屬於自己的檔案，「（一種手術）前面已經放一些，今天開刀有新的心得，我就再把它加上去。」

事實上，做為一位外科醫師，記錄手術心得並算不上什麼了不起的事。「我當住院醫師時，筆記本還畫圖，是彩色的呢，」一位從事心臟外科十餘年的醫師，打趣的說道。但他同時也承認，當技術到了一定程度以後，就會覺得「開刀好像就是這樣，」所以「年紀越大（心得）記的越少。」

而魏崢難得之處在於，四十年沒有中斷過。

二〇〇九年，台灣健保局公布心臟移植案例統計中，魏崢領導的心臟移植小組的存活率，能達到全國第一，憑藉的，就是這種任何事都可能被改進，即使是最微小的改變，也能夠使手術更成功的心態。

他把記錄手術心得，當成記錄一場生命的重要歷程，隨時提醒他要達到手術成功率一〇〇％的目標。

就連「要先把夾子打開看看血流得怎麼樣，」這種看似平凡的小細節，也都進到魏崢的紀錄中。振興醫院心臟外科主治醫師蘇上豪，提起魏崢對於細節的注重，印象深刻。

§ 快一秒也好

開心臟手術時，需要先把胸骨鋸開，把皮和心包腔往兩旁吊起來，才能夠開始處理位於中心的心臟。「以前（吊起來的）線結都打在這裡，」蘇上豪雙手打開，比了一個在肩膀正前方的位置。「後來魏醫師把線結放在外面，打在這裡，」蘇上豪把雙手再往外一張，從原來的肩膀正前方，到往外約二十公分處。

他的習慣	記錄讓手術開刀更快、更好的小技巧，以手術成功率100%為目標。

為什麼要做這樣的微調？

原來是在心臟上縫線時，醫師的手常會被病患兩側肩膀正上方的線結卡住，縫線的速度會稍微變慢，因此魏崢就想到，把線結打在更外面的地方，就很順暢。

但這麼微小的事情，為何沒有其他醫師想到？

「因為別人認為不重要啊！」蘇上豪一語點破，「開刀稍微卡一下線又會怎樣？」

心臟外科有一句老話，「Against the Clock」，意思就是說，跟時間對戰。因為一般而言，心臟在手術時，是完全不跳動的，開刀開得越久，要讓心臟重新跳回來的困難度就會越高。換言之，只要開刀速度能夠更快，病人的併發症就更少、恢復期更短。

持續改進的信念，其實源於魏崢還在當住院醫師時的一次經驗。

當時是魏崢當住院醫師的前三年，有一次跟著老師開靜脈曲張，雖然不是重大手術，但一個刀要開七、八個鐘頭，在病人腿上切幾十個洞，費時耗力。

「當時都認為刀就這樣開，」魏崢說道。

原本，魏崢也都用老師教的方法，但有一天，魏崢自己讀醫學書籍，突然看到書上教的方法和老師使用的恰恰相反。老師是從大腿往下開到小腿，

他的成為　魏崢所領導的振興醫院心臟移植小組的病患存活率，全國數一數二。

書上是從小腿往上開到大腿。他一想，書上說的有理，下次遇到一個病人如法炮製，結果兩個刀口、半個鐘頭就開完，時間快了十幾倍。

「不是說老師錯，可能他在美國就跟人家這樣學，但他也忙，沒時間想太多。」魏崢說。這個經驗，讓魏崢領悟到，醫學的領域這麼大，人外有人天外有天，並不是今天的人怎樣做，就代表那是對的。過去老師的權威可以被推翻，今天自己的成就也同樣可以被改進，記錄手術心得就是讓自己更好。

「我還沒到百分之百，是希望每個（手術病人）都要活，」魏崢說著他的期待。

魏崢　小檔案

一九五〇年生，美國紐約哥倫比亞大學醫學科學博士。現為振興醫院心臟醫學中心主任、振興醫院董事，國防醫學院、台北醫學大學外科兼任教授。

企管名師司徒達賢

以每個人為師

政大企管名師司徒達賢，經常像個好奇寶寶一樣問個不停，他相信每個人的想法都有價值，他大量吸收其精華，擴充了自己的知識庫。

一個人腦中的知識庫容量有多大？這個問題，如果你問政大講座教授司徒達賢，他會跟你說，從來不用擔心會有灌爆的機會。

因為，他天天遇人就問問題，這個習慣維持了四十年，讓他腦袋中的知識庫包羅萬象。

他關心什麼問題？舉凡從氣功怎麼打、肯亞旅遊好不好玩、打高爾夫球姿勢怎樣調整、怎麼泳渡日月潭，到家族企業如何經營、台商設廠的困難……，他都像好奇寶寶一樣，照單全收，全都進了他腦中的無形知識庫。

只要聽到一件事情、一個觀念，司徒達賢就會暗暗在心中「掛個號」，心裡隨時都是問號一大堆。

即使是博士班學生寫論文，針對在大陸設廠的過程與潛在困難，到大陸實地訪問了一大圈，回到台灣報告給司徒達賢聽，他也不會認為，這就是全部的答案。下次遇到一個有實際設廠經驗的人，他還是會再問一次。

「如果你對某個專業有了解，那我就針對我有興趣的部分，去跟你請教。但你也不會是全面的了解，我就你了解的部分請教。我還有機會碰到別人。」

能夠四十年如一日的到處向人請教問題，逐漸累積出知識與常識的廣度，憑藉的，就是這種不看輕任何一個人，覺得能以任何人為師的心態。

「想法都有價值，可能不完整，但都有它的好處，」司徒達賢下了這樣的註解。

§ 整理對方想法再回饋

企業家前仆後繼的爭著進企家班，希望聽聽司徒老師的課，包括宏碁董事長王振堂、明碁董事長李焜耀、宏達電執行長周永明，其中還不乏「吃好到相報」的父子檔和夫妻檔，如元大馬志玲、馬維辰，以及萊爾富超商董事長汪林祥與夫人葉淑貞，都先後成為司徒達賢的學生。

因為他不僅會問問題，也聽得懂問題，然後透過「摘要回饋」，再回過頭幫學生解決問題。

「對方的答案未必有系統，因為他不是來講課的，」但司徒達賢認為別

他的習慣	不斷向他人請教其專業或生活經驗，從企業實務到打小白球，都能提出問題，納入自己的知識庫。

人願意分享知識，他也應該要整理出簡潔扼要的摘要，「還給人家」。

要摘要得好，秘訣無他，就是把握每次問答的機會，持續練習。

比方說，當他問一位做業務的人，是如何招攬生意？對方回答，找認識的人想辦法約出來，先聊天吃飯，打打高爾夫球。這一段話，到了司徒達賢的摘要中，就簡化成「非正式場合先切入。」

就算不計課餘閒暇的交流，僅以設立企家班三十年來，平均每學期開一門課，一堂課中，少說替學生摘要五次估算，加起來，就是近五千次的練習！

而司徒達賢的摘要功力，也在這一次次的練習中累積。

他有多會問問題？在政大商學院七樓的會議室，記者剛坐下，正拿出採訪資料，還來不及開口，就被問了一個天外飛來一筆的問題。

「這電池，是充電的嗎？」司徒達賢看著記者放在桌上的錄音筆。

接著，在訪談的過程中，他曾經一口氣在四十秒內，連續提出十個問題，平均四秒就問一個問題，完全行雲流水，不假思索。

但別以為是東拼西湊、不同主題才能這樣快速丟出問題，這十個問題，全是以「證券商資本市場部門」為例，由廣入深，還牽涉到產業運作策略。

「資本市場是什麼？」「什麼叫做得好？什麼叫做不好？」「關鍵成功因素是哪些？」「跟證券商的其他單位有什麼互動關係？」「不同的證券商

他的成為

練就問答與回饋的功力，

並累積出知識與常識的廣度，成為台灣企管界名師。

客戶有何不同？」「與會計師事務所和律師事務所怎麼分工？」……

保持一直問問題的習慣，簡單嗎？你自己試試，就知道其中的甘苦樂趣了。

司徒達賢 小檔案

一九四八年生，美國西北大學企管博士。歷任政治大學企管系系主任、企研所所長、政大副校長，並打造「政大企家班」，現為政大講座教授。

投資高手陳族元

操盤也有SOP

九年前還負債五十萬元的窮小子陳族元，如何在幾年內身價達到八位數，財富增加了上百倍？

二〇一一年八月四日，美股崩跌引發全球股災，台股指數瞬間跌掉約一千二百點，多數投資人瘋狂賣股逃生時，專業投資人陳族元因為持股只有兩成、受傷輕微，手上甚至還有當時連拉數日漲停板的一檔飆股，降低災情。

當多數人還不知道發生什麼事，甚至還在睡大頭覺時，陳族元當天晚上翻開了他的「獨家秘笈」，按照秘笈中的指示，半夜還「繞著地球跑」，從歐股放空到美股指數，布局完畢後才上床睡覺。

經歷過八月整整一個月殺盤、震盪，不少投資人斷頭、大賠，陳族元反而在空單布局上大豐收。

陳族元手上的秘笈，就是讓他提早看到危機的「標準作業程序

（ＳＯＰ）」。「（二〇一一年）上半年的總體經濟、產業氣氛，和〇八年金融海嘯有些雷同，」陳族元把當時的ＳＯＰ拿出來溫習，該年六月就決定逐步降低持股，因此也規避掉大部分的風險。

§記錄經驗值

每天至少十一個小時鑽研投資，這樣的日子，陳族元已經反覆走過兩千多天。研究投資，對陳族元來說，不僅僅是「習慣」，熱切的程度，根本可說是「信仰」。

別人頂多花半小時簡單寫下當天的投資日記，陳族元卻每晚花五小時，精確的把經驗值化成一篇篇的ＳＯＰ；六年多下來，已經累積成近百頁、數十種不同情境下，投資操作的結晶。

例如一一年八月大跌之後，人人都想要搶反彈，但該怎麼搶？陳族元的ＳＯＰ裡寫著：大跌剛結束，要先買權值股與指標股。

搶反彈的時機，也就是大跌之後的隔天，如果開盤繼續殺低，要觀望至少一小時，等盤穩了再買進；如果開高，要等半小時都持續強勢後，才能進場。買哪些股、注意哪些指標等等，這些細部操作步驟，都在他的ＳＯＰ裡寫得清清楚楚，外面根本沒人教、也沒書看。

靠著這疊Ａ４紙張的ＳＯＰ，陳族元複製並且優化他的經驗值。〇八年

他的習慣	每週5天，每天研究11小時，花5小時記錄投資心得與操作SOP。

金融海嘯第一天崩盤時，他分三天出脫手上五千多萬元的持股、反手做空期指；二〇一一年也因為預先看到歐、美債信危機，不僅躲過日本三一一大地震後的股災，還靠放空期指賺了台北市的一棟小套房。

靠著這兩千多個日子堅持的好習慣，把瞬息萬變的股市用SOP來管理，不去猜、不慌張，SOP中都有答案，讓他一次一次靠著這本武功秘笈趨吉避凶。

在這之前，其實陳族元和父親都繳過昂貴的學費。他的父親曾經把總值兩千萬元的三棟房子，全賠進股市裡。陳族元從退伍到〇四年的這六年裡，也經歷過三次賠盡家產的慘敗；最後一次，還得跟老婆借一百萬元，才有東山再起的本錢。當時老婆不發一語，默默的把錢轉給他，但陳族元對自己承諾，一定要找出問題來！

幾次重大的挫敗，化成了強烈的動機，陳族元決定，把投資當「學問」做。股市有規律，而人會犯錯也有規律，陳族元想要反敗為勝，最重要的就是把贏家的規律找出來，同時避開輸家的規律；情緒是無法控管的，就讓記錄SOP的習慣來管理自己的操作。

剛開始，先是做投資書籍的書摘，以便快速擷取書中精華；慢慢的，又加入當天的操作心得；下一步，則是明確依照籌碼、基本面等項目，翔實寫成SOP。最後，他找到導致自己破產三次的致命缺點：欠缺風險管

他的成為

按部就班做研究，保留成功模式，甩開失敗模式，
賺進八位數身價，財富穩定增加。

理的概念。太相信公司的財務預測、壓滿融資想賺快錢、又太堅信自己的選股正確性。

§找出成功與失敗的模式

〇四年，陳族元靠著找飆股的好本領，很快又讓資產從「負」轉「正」，但這次不同的是，他有SOP不斷提醒他：「風險控管的考量，要優於投資報酬率」，讓他終於能守住賺來的錢。

陳族元保留了「找飆股」的成功模式，甩開了「不避險」的失敗模式，財富先是以每季三成的速度快速累積，這幾年分母變大了，他轉以每年三成的目標穩定增加。

「只有三％的人能成為『成功人士』，而他們的共通點，除了有具體目標，還明確的寫在紙上，」陳族元拿出他最喜歡的一本書《早上三小時完成一天工作》與我們分享。

每天，陳族元以半小時為單位，設定不同的主題進行研究；每星期，有排定的產業供應鏈與營運績效追蹤，還有主力動向、產業趨勢等不同的研究主題，以達成每年三成的投資報酬率目標。「我每天所想的，就是如何讓自己的東西更好！」

儘管身邊也有投資朋友靠聊天、內線、模模糊糊的概念，偶爾賺到大錢，但陳族元還是堅持做自己，一步一步腳踏實地。「以前，沒有ＳＯＰ、沒有整理研究心得，老是有一種浮浮的感覺，盤勢一變化，信心也跟著散失，」陳族元帶著自信的笑容說：「現在有中心思想，每天市場都會給我反饋、讓我修正，信心也加深了！」陳族元打趣說，像這樣能賺錢、還能賺成就感的好習慣，一定要持之以恆囉！

陳族元　小檔案

一九七五年生，政治大學會計系畢。曾任查帳員、券商承銷及上櫃企業財務主管，現為專業投資人。

王牌花藝師齊云

筆記本裡的人脈學

服務政商名流甚至國族皇室，都不能只靠夠好的服務品質；齊云做出自我品牌的秘密，就在殷勤記錄的筆記本裡。

知己知彼，是美國管理學大師柯維（Stephen Covey）在暢銷書《與成功有約》提到成功者的七個好習慣之一。齊云生活美學館創意總監齊云就用累積超過十五年的獨到觀察，搭配小小的筆記本來實踐，讓他賺到人心，成了永豐餘何家、台玻林家等政商名流，甚至是印尼國宴、泰國皇室都指名的花藝設計師。

逢年過節，他除了獨特花卉不能少，對重要人士還會送上水果、甚至自己親自下廚的菜餚。筆記本，就成了他避免每年禮品重複、不斷精進的秘密武器。

例如，農曆年送棗子，為了讓自己的水果贏得不少身價上億貴客的青睞，他至少會買十箱，把每箱中第一層外觀最漂亮的十粒棗子，從第一名排

他的習慣	寫筆記15年，做為知己——檢視承諾與進度、知彼——記錄客戶朋友並分類不同社交圈——的秘密武器。

到第十名，再把每箱的第一名湊成新的一箱，「一掀開，其他人的（水果禮盒）當然輸我，」齊云透露，現階段他更直接找上產地果農，要求對方把樹上長最好的先留給他。

§用筆記知己、知彼

最早，自恃記憶力好的齊云，曾口頭答應訂單，一忙，卻忘了，客戶便認為他說話不算話、沒誠信。從此，當天遇到誰、發生什麼事等內容，便成了他固定寫進筆記本的素材，「我覺得它是檢視自己言行合一、承諾這件事。」

這些素材，一方面讓他盤點代辦事項、追蹤執行進度，透過回頭翻找筆記本，還能協助自己整理每筆人際關係淵源，藉「知己」不斷累積人脈資產。

「二〇〇九年一月二十日，時報文化林馨琴，陳文茜介紹，」受訪中齊云隨手一翻他的筆記本，不論停留在哪一頁，他都能細數第一次和對方見面的時間、原因甚至後續互動等細節。

齊云也用筆記本「知彼」。持續逾十五年的筆記習慣，除基本內容，還記錄接觸每個人不同季節對花卉、禮品等的個別喜好，在每次出席活動時，

他的成為　贏得客戶信任，
成為政商名流、甚至印尼國宴、泰國皇室指名的花藝設計師。

蒐集客戶各自所屬的人際關係網絡，方便他後續宴客或承接活動，協助貴客避開人際麻煩。

「圈圈跟圈圈很難融合，筆記本很重要，它會記錄每個人的喜好，可以協助你區隔，」齊云透露，不同社交群體可能有鬥爭，靠著筆記本的分類資訊，在他主辦的宴會場合安排位置時，就能藉由插花角度遮掩不合雙方的視線，讓賓主大呼「揪感心」。

「為什麼說記錄這件事情很重要，光記錄對於細節的過程，其實就可以掌握你對這個人了解的程度，」小小的筆記本用心記錄，經過持續的力量，讓齊云知己知彼、賺到人心。

齊云　小檔案

本名謝其昀，一九六八年生，員林農校農業經營科畢，齊云生活美學館創意總監。

時尚教母馮亞敏

「畫」出來的事業版圖

如果很多事情說不清楚，你是選擇兩手一攤，還是另謀途徑？馮亞敏習慣以圖像方式溝通創意與達成共識，也讓精品通路事業越做越大。

被稱為「時尚教母」的馮亞敏，總是用畫的，來進行人與人之間的溝通。這個習慣一養成就是十幾年，每一天，她至少要抽出一個鐘頭在她隨身的小本子上塗塗畫畫，記錄她的想法，甚至規畫未來遠景。

馮亞敏在一九九七年創立喜事國際，至今獨家代理國際精品超過四十個品牌，包括全台累計賣出超過五十萬雙的西班牙知名休閒鞋品牌Camper；二〇一一年九月初，成立台灣第二間專門店的紀梵希（Givenchy）；還有川久保玲、以機車包聞名的巴黎世家（Balenciaga）、美國第一夫人蜜雪兒・歐巴馬（Michelle Obama）最愛的服飾品牌亞瑟丁阿拉亞（Azzedine Alaia）、女神卡卡（Lady Gaga）常穿的前衛時裝藝術家品牌卡拉揚（Hussein Chalayan）等，是台灣最大的精品代理通路商。

馮亞敏表示，如果沒有用圖畫筆記的習慣，她大概沒辦法經營這個事業，「甚至，可能是一團亂！」她說，任何事情進入她的腦海中，都會化成一張張圖畫，這是因為她從小愛看漫畫、童話書，逐漸養成的圖像式思考習慣。

§講不清楚乾脆畫出來

原本只是個家庭主婦的她，溝通，似乎沒有特別重要；開始代理事業後，她才發覺很多事，以她的口才和文字說不清楚；於是她練習將想法畫出來，變成一張張清楚的圖像，「講了很多，沒有辦法的時候我就用畫的，人家覺得我很真實，因為我馬上可以把我想的事情畫出來。」「每次做一件事，我會有自己的畫面，你要讓大家跟你的畫面是相同的。」

有了相同的畫面，與人溝通更快達到共識，這也是讓馮亞敏在短短幾年間，迅速拿下多個國際知名時尚品牌代理的重要原因。小到品牌的平面廣告、同事間的溝通，或是和合作夥伴談辦活動等，她都能利用圖像化，達到更好的效果。

舉例來說，時尚品牌常常需要辦活動，在寫流程企畫時，她會要求同仁，不單列出時間表和文字陳述，「每個場景的畫面要出來，這段時間裡會發生什麼事情，要想像能用圖畫呈現出來。」也因為她這樣的要求，活動結

她的習慣	一有構想就用圖畫出來，包括大小、數量、擺放位置與呈現方式。

束後，最後媒體拍到、刊登出來的照片，都和她原本設想的差不多。「為了能有畫面，那個情境的所有細節你都想過一遍，結果出來就不會差太遠了，」她說。

又譬如有一次，喜事代理的日本潮流設計師品牌Undercover要辦新店開幕活動，馮亞敏和對方討論數次都沒有共識，最後她提出用玫瑰花布置現場的構想，對方起初沒什麼反應，「每個人心裡的玫瑰花都長得不同，用講的，他無法完全理解我要呈現的感覺，」於是她用畫的，把玫瑰花的大小、數量、擺放位置、呈現方式通通畫出來，雙方很快達到共識，也順利完成活動。

§ 沉澱後提煉想法

「畫出來」的習慣，不僅是馮亞敏與人溝通的工具，長期累積下來，畫出來的動作和圖像式思考，讓她對凡事的思考都能夠有具體畫面，而這麼做，也讓她更能掌握事務全局，因為掌握全局才能有完整圖像的概念，甚至連細節都注意到了。

畫圖做筆記，對馮亞敏來說也是一種沉澱方式，「我要做的事情很多，經營管理要有想法，還要保持創意，」所以，每天在筆記上畫下的圖，不但

她的成為
以畫圖提升與客戶或廠商的溝通效率、規畫未來遠景。
獨家代理國際精品超過40個品牌，為台灣最大精品代理通路商。

是學習或靈感的紀錄，也是心情的寫照，「一個人若沒有沉澱，根本不可能在生活中提煉出更好的想法。」現在，一天不畫，她就無法上床睡覺。

愛看漫畫和童話書的馮亞敏，至今辦公室和家裡書櫃裡還是有滿滿的書，「我也買了很多給我小孩看，」她回憶，以前小孩子會畫牆壁，保母嚇死了，她和先生卻是相視而笑，「牆壁再漆一漆就好了，看到小孩會畫畫，反而覺得是件好事。」馮亞敏覺得畫圖、圖像思考對她而言，不但是溝通的工具，更是增長智慧的根源。

馮亞敏　小檔案

生於一九五九年，新加坡國立大學ＥＭＢＡ。曾任宏廣卡通集團插畫設計、芝麻百貨櫥窗設計、服裝秀策畫、電視廣告創意等，現為喜事國際時尚集團執行長。

五大步驟　養成好習慣

想要建立好習慣，卻總抓不到竅門，陷入「三天曬網，兩天打魚」的窘境嗎？

「大家以為要養成（習慣），要靠意志力，但其實意志力只是其中一種力量。」國內習慣心理學權威、台大心理系教授柯永河，為大家點破迷思。

現在，就在心中默想一個希望建立的好習慣，跟著下面的五大步驟，你也能夠讓習慣成為你的好朋友！

第一步，先為這個習慣帶來的好處與壞處打分數。

這個習慣對你來說，到底是好處多還是壞處多？實際打分數，可以幫助你釐清建立這個習慣對你的影響程度，換句話說，是讓「刺激更強也更明確」。自己設定一個量表，一到五，一到十，都沒關係，重點是要實際量化比較。將好處的得分，扣掉壞處的得分，就可以達到一個「淨好處」的分數。

第二步，具體定義出你想培養的好習慣的行為內容。

以減重這個目標來說，是減五公斤，還是十公斤？若要減五公斤，那麼所要搭配的行為，是早餐中餐都吃飽，但晚餐不吃，還是三餐都均衡的只吃七分飽？

定義越清楚，代表要做的「反應」越清楚，減少你去「想」該怎麼做的力氣；換句話說，可以降低你做出這個反應的難度，連帶的，反應的出現頻率，自然會增加。

第三步，替目標分階段。

心理學研究證實，當人離目標越接近的時候，力量特別強；離開得越遠，力量越弱。因此，當把目標變成數個階段的小目標時，才會產生「再努力一下，就快要達到了」的動力。也曾有實證研究指出，只要將一個大目標拆解成幾個小步驟，最後達成機率就會增加三五%。

因此，如果你想要減重十公斤，請不要設定一個月要減十公斤的計畫，也不要只設定一個一年減十公斤的計畫。比較好的方式，是設定一個月減一公斤，最終目標是一年減十二公斤的計畫，不但讓自己感覺更接近目標，有助於「讓刺激更強烈」，同時短期目標也更容易時時自我評估。

第四步，使用適當的獎賞或懲罰。

其實，所謂的獎賞或懲罰，都是一種「刺激」。每個人對於相同的刺激物，產生的反應強度並不會一樣，你可以評估自己的喜好，為自己選擇適合的方式。

身兼暢銷書作家、律師、教授的艾瑞斯（Ian Ayres），就是用罰錢做為懲罰，最後成功減重的例子。艾瑞斯原本計畫每週減重一磅（一磅等於〇．四五四公斤），直到減掉二十磅才停止。並與自己的好朋友約定，若每週目標沒有達成，則朋友就可以從他身上拿走五百美元。

最後的結果是，艾瑞斯減重了二十五磅，半毛錢都沒有被罰。

第五步，要做詳細的紀錄，以便事後自我評估。

心理學研究顯示，自己記錄的成果，自己看了最有用，尤其用畫曲線的方式呈現。當評估做得仔細，就知道今天比昨天有哪些進步，除了知道目前成果如何，也是一種訊息回饋性的獎勵。

最後，在培養習慣過程中，若短暫的覺得做不好，也不要洩氣，反而要鼓勵自己，按照原來計畫做下去。

埋首習慣領域超過四十年，柯永河也從實務中發現，並非有意志力的人中途都不會失敗，但只要不陷入「完蛋了，我是不是意志力不強，怎麼也辦不到」的心態，持續執行下去，慢慢的，都會看到成果。

旺宏電子總經理盧志遠

把歷史讀成EMBA

盧志遠的前半生，做的是研究工作，他的後半生，卻投身最難管理的記憶體產業，盧志遠笑說，他的管理能力，有一部分是「讀歷史練出來的」。

記憶體廠商旺宏電子總經理盧志遠，一生的事業都和讀歷史脫不了關係。

白天，他身兼旺宏總經理和欣銓董事長，晚上七、八點回到家，九點到十二點，他經常在四坪大的書房裡研究歷史。燈下，書與人，一同度過時間之河，從高一起算，四十六年來，即使最忙的創業時期，他對歷史的興趣從未間斷。

盧家六十幾坪的房子，藏書估計超過二千五百本。令人印象最深刻的地方是臥室，床頭堆了近三十本歷史書，有日本明治維新風雲人物、日本企業始祖澀澤榮一的《論語與算盤》，甚至也有歷史漫畫《戰國公主》，床旁右手邊的椅子、左手邊的矮櫃，也堆滿了歷史書。

盧志遠床單上，還留著一小塊螢光筆的痕跡，盧太太說，盧志遠經常睡前看書看到半夜，一手拿書，一手拿螢光筆畫重點，睡著時，手上還拿著螢光筆，不小心畫在棉被上，久而久之，竟連棉被都有一大塊螢光筆漬！

盧志遠是把歷史當成推理小說在看，連電視都不放過，他甫看完總共一百四十七集的日本大河劇《德川家康》、《坂本龍馬》與《篤姬》，一邊看，一面追問劇中不合理的疑點，床頭堆的歷史書，全是為了解答他從劇裡看到的疑問。

《德川家康》劇裡，焦點集中在男人主導的德川幕府，同一時期的「戰國三公主」卻只是蜻蜓點水，盧志遠看了漫畫《戰國公主》之後發現，這三個姊妹就像是日本戰國時代的宋氏三姊妹，三個姊妹各自嫁到不同陣營，「其中一個公主，最後還跟德川家爭天下。」他分析，必須看懂這三人的身世，才能真正了解為什麼最後是德川家康得到織田信長打下的江山。

他把讀歷史比喻成用相機取景拍照，對同一件事，既可「Zoom in（放大）」從事物的細節分析，也可「Zoom out（縮小）」，從宏觀觀察。

「Zoom out」宏觀讀史要怎麼讀？盧志遠的方法，是交叉比對。他舉例，例如日本明治維新，和平完成全國統一，表面上看是日本人追求大義，但和美國獨立革命比對，卻不禁懷疑，「同一時間，英國人只不過加稅，就引起流血革命，日本人把所有土地都要回去，卻和平轉移政權，為什麼？」

他發現，日本人爭奪利益的狠勁一點不輸西方人，為何到明治維新卻突然「轉性」？

§讀懂人與形勢

他挖掘出細節後才發現，「原來，這些諸侯欠中央一大堆錢，中央政府說，只要你歸還政權，我就讓你改領十八趴（%），不用還債還有穩定收益，大家當然說好！」追到底，日本明治維新和美國革命的主要推力，其實都是錢！

「國家的歷史其實都是management（管理）」從歷史看管理，他認為，管理，就是「認識自己」和「認識環境」，像王安石變法，用意雖好，「但他沒有清楚認識當時的環境，導致失敗。」他認為，讀歷史最有用的，是讀前人失敗的歷史，「成功的故事，我們不容易學，看失敗的原因，卻能拿來替自己借鏡，做自己的警惕。」

「歷史就像是我的業餘EMBA。」他笑著說。當交大教授的時候，他靠讀歷史學會的分析方法，救活一家公司，當時他負責經營《科學月刊》，接手時，《科學月刊》現金燒完，他接手後五年，《科學月刊》不但獲利，還在台大附近買下一整層大樓。

「就像德川家康等待形勢一樣，」他分析，德川家康原只是被人控制的

他的習慣	每天讀歷史書，養成追根究柢習慣，並體認「管理」，就是「認識自己」和「認識環境」。

小藩鎮，他避開和實力懸殊的敵人交鋒，全力經營對自己有利的戰場，救活《科學月刊》也是一樣，《科學月刊》有其包袱和立場，他不直接解決《科學月刊》的問題，另外打造更辛辣、更有話題性的副刊，創造話題，再衝高廣告量，靠這本全新刊物獲利。

經營旺宏也是一樣，旺宏曾一度過度擴張，只好把十二吋廠賣給力晶，近幾年重整布局後，才又從茂德手上買下十二吋廠。

對盧志遠來說，要度過低潮的判斷，也和讀史鍛鍊的眼光有關。「當低潮時，數字是落後指標，光看數字做決策，不行。」如，要精簡單位時，每個單位都會說自己賺錢，誰是明日之星？誰是問題兒童？誰去誰留？必須要像讀歷史一樣整體考慮。要讀懂人，讀懂形勢，這些資訊都不在財務報表裡，都是歷史告訴他的事。

「對我來說，讀書是興趣，也是我競爭力的來源。」念「歷史EMBA」四十幾年，提醒他不斷追根究柢。下班後的興趣，讓他從教授變身高階經理人，開出事業的另一高峰。

盧志遠　小檔案

一九五〇年生，美國哥倫比亞大學物理博士。曾任教於交通大學，後曾任工研院電子所副所長，負責經濟部次微米計畫，成為世界先進共同創辦人。一九九九年加入旺宏，二〇〇七年升任總經理。同時於一九九九年創立欣銓科技，任董事長。

他的成為

接手經營《科學月刊》5年後，不但轉虧為盈，還能買下一整層大樓。
亦從歷史的學習中經營旺宏。

購併大律師黃日燦

先做最棘手的事

每天日理萬機的名律師黃日燦，工作任務動輒攸關上億生意，時間切割以分鐘來計算，但他卻能從容兼顧事業與生活，秘訣就在養成了抓重點的習慣。

採訪前夕，黃日燦才剛從肯亞度假回來；緊接著又提前舉辦了六十大壽的慶生晚會，七十多人的聚會直到深夜才結束，隔天一早接受專訪時，看起來仍一臉神清氣爽。

眾達是台灣前三大法律事務所，台北所主持律師黃日燦同時也是大中華區業務主持人，管理台北、上海、北京、香港兩百名律師，每天要處理大小雜事不下百件，大則關乎幾十億元以上跨國購併案，小至公司的行政事務。

這樣日理萬機的人，大概不難想像其案牘勞形的樣子。但這些公事，都阻礙不了他愛玩、愛旅遊的一顆心；每週還固定撥出時間練瑜伽、寫書法，這半年來也開始學起太極拳；不禁讓人好奇，面對這麼多繁複工作及多重角色，還可以兼顧生活品質與休閒活動，黃日燦究竟是怎麼做到的？

原因，黃日燦一言以蔽之：「最棘手、最麻煩的事情最先做。」他說，「三十多年下來，這對我可能是幫助最大的，如果沒有這麼做，我不可能做到今天。」他半開玩笑的說，照他的工作內容，彷彿已經活了一百五十歲，說明了這個習慣能幫他增加工作效率，快速體驗人生。

§ 拖延會影響工作心情

時間拉回三十二年前，黃日燦從美國西北大學取得法學碩士後，到香港從事大陸市場的相關法務工作，「那是我第一次眼界大開，知道一個國際律師可以忙到什麼程度！」黃日燦說，當時處理事情幾乎是以分鐘為單位來切割，分秒必爭，讓他迫切感受到時間管理的重要性。

除了時間的緊迫性之外，事情的「多樣性」更是挑戰。黃日燦形容，做律師就像開雜貨店、理髮店一樣，永遠不知道什麼人要進來，也永遠不確定明天的生活會是怎樣，「那個時候，遇到比較麻煩的事，會想說明天再做，但明天又有新的事。事情放越久就越煩，煩了以後就更不想碰它。」

其實，這種反應和大多數人一樣，喜歡讓自己的心情停留在舒適圈，讓心情保持愉快，卻忽略了這對事情的解決完全是背道而馳。

於是，日積月累下，黃日燦發現，已經很努力的自己，每天的事情還是做不完，桌面文件總是堆積如山。「除非我不做這行，不然永遠都是事情比時間多。」而且，困難或麻煩之事若放著不處理，即使先處理別的事，心還是懸在那裡，影響了做其他事的心情和狀態。黃日燦終於體悟到：「遲早要做，與其遲，不如早。」

舉例來說，有時候律師在看案子時會出現盲點，這時多數人通常會想說「等下再想」，但黃日燦認為，「等下再想」這件事情已經造成心理負擔，「我的經驗是，現在想不出來，擺兩個鐘頭就想得出來，這種事發生的機率是有，但非常小。」

幾次嘗試後發現，先做完最棘手的事會有種「輕舟已過萬重山」的感覺，接下來就很順手，因為感覺上再沒有更難的事了。「當你知道這麼做是有利的，並實際享受它帶來的好處，你就可以持續下去。」

能抓出最重要的事情來，對於處理事情的輕重緩急，心中也早有了排序。他說：「最難的事都能先處理，簡單的事情就更沒什麼好拖的。」這麼做，除了可避免負面效應外，更能帶來正面回饋。

比方有一次，有個日本客戶，寫e-mail來問黃日燦有關來台投資和購併的幾個法律問題，客戶發出郵件之後，去上個洗手間再回到座位上，不到五分鐘，已經收到回覆，「結果，連寫e-mail也都按照制式規矩來的日本人竟然回我一個wow，那我就知道這個客戶跑不掉了。」後來這客戶還幫他介紹了好

他的習慣	拒絕等下再想，最棘手、最麻煩的事情最先做。 遲早要做的事，與其遲，不如早。

幾個客戶。

§ 提早半秒，就能從容

和黃日燦共事將近十九年的眾達國際法律事務所資深顧問陳泰明說，一般律師總想要面面俱到，鉅細靡遺的掌握全貌之後再做出回覆，「黃律師懂得快速提綱挈領，掌握住黃金時間。」

黃日燦用他常從事的網球運動來比喻：只要早半秒鐘到位，就從容很多；晚半秒鐘，注定永遠疲於奔命。

這樣的好習慣讓黃日燦在事業上很早取得成就，並不斷自我突破。一九九〇年從美國回台灣時，他成為眾達全球唯一的華裔合夥人。在台灣逾二十年來，陸續完成幾個轟動一時的案子，包括雅虎購併奇摩案、富邦金控購併荷商安泰人壽等等。

這個習慣隨著職位越做越高，事情越來越多，而變得難度更高，「但是它創造的價值也越來越高啊！」黃日燦說，他現在雖然不必事必躬親，但他若不發動，下面的人也動不了，「假如我一有遲疑，留在我手上，那事情還是我的，只會累死自己。」他在管理上一樣貫徹這個習慣的精神：「該交辦、授權、給指示的，一定要馬上給。」

他的成為

工作效率提升了，更能輕鬆控制時間，
從容管好兩岸200位律師，安排其他人生體驗。

黃日燦　小檔案

生於一九五二年，哈佛大學法學博士。現為眾達國際法律事務所台北分所主持律師暨全球大中華業務主持人。曾獲《*Asian Legal Business*》評選為「全亞洲頂尖廿五位購併律師」等多項榮譽。

橙果設計董事長蔣友柏

下午兩點準時下班

一直自稱是生意人而非創意人的蔣友柏認為，要有規律作息，才能做出適合的創意；而人的所有一切都是可以設計的，包括習慣。

創業第一年，年營收近千萬元，每天下午兩點下班；創業第七年，營收破一億元，還是下午兩點下班。手上隨時都有五、六十個案子在跑，案子從幾十萬元到上千萬元都有，這都沒有改變橙果董事長蔣友柏累積十年的習慣：準時下班。

今年三十七歲的蔣友柏，每天早上五點半起床（週末也不例外），接著餵狗、遛狗，準備早餐、送小孩上學，八點半進辦公室，下午兩點下班，去健身運動，接小孩下課。

他說，從創業第一天，他就決定維持極規律生活的習慣，十年來幾乎沒有例外。做生意的人，總有些婚喪喜慶要出席，為保持習慣，他找出應變之道：朋友婚禮，紅包到人不到；更不用說應酬或玩樂了。

「有時候覺得自己活得像苦行僧，不過也沒什麼不好，習慣了就好，」蔣友柏覺得人的所有一切都是可以設計的；而他的成功之處就在於，可以慣性的設計自己。

為何要給自己設計這種極規律的生活？「規律的目的是，我要生活盡量保持簡單，照表操課。」蔣友柏說，因為設計是一個「買空賣空」的行業，以客戶的時間為主，「我們這行沒有一定的時間表，所以要從規律開始。」

一直自稱是「生意人」而非「創意人」的蔣友柏認為，要有規律作息，才能做出適合的創意，「比較規律就不會胡思亂想，」他說，只要把腦袋訓練到可以隨時靜下心來處理問題，這樣自然就有創意。

很多做創意或設計的人，常會有「沒靈感」的時候，蔣友柏覺得這是一個偷懶的講法，「如果創意是隨興和靈光一現，就不可能變成生意，很多設計公司為什麼會倒閉？因為都在等靈光來。」

言下之意，可以管理時間，就能管理創意；規律非但不會和創意產生矛盾，反而是創意的源頭。

§練習同時思考兩件事

規律的作息除了為保持簡單生活外，最大原因其實是為了能有足夠的時

他的習慣	堅持規律作息，早上5點半起床，8點半上班，下午2點下班。

間與家人相處。所以，蔣友柏自己訂下每天下午兩點準時下班的規定。如此一來，公司員工找得到董事長，小孩也找得到父親，這樣的設計就找到了均衡。

靠著近似強迫的時間管理，蔣友柏把工作和家庭的時間分配切割得很清楚；表面上看，業績增加，投入的時間相對也要更多，蔣友柏的做法反而是投入時間不變，而是逼自己必須在工作時更專注，把每分鐘的工作效率、生產力發揮到最極致。

因此，每天一踏進辦公室那一刻起，他就讓自己的大腦立刻切換到「上班模式」，只做公司的事。

甚至，他訓練自己一次想兩件事情以上，「我的腦袋很少在空轉，腦本來就是越用越發達，當我覺得時間不夠用時，我就會硬ㄍㄧㄥ，把腦分成兩到三個。」

也許蔣友柏的「腦部分拆作業」不一定每個人都做得來，但是他的精神在於，精準而有效率的利用每分鐘、每個想法。舉例來說，同一個創意發想，加入不同趨勢、應用在不同產業，就可以拉出不同的主軸，用在不同客戶身上。

「當然會累啊，但時間只有這麼一點，你就要這樣用（腦），」蔣友柏除了讓自己工作效率發揮到極致，公司資源也沒有一分浪費。打破一般設計

他的成為　透過管理時間來管理創意，事業依然成長，並兼顧家庭天倫樂。

公司比稿接案的慣例即是一例。

他說，很多設計公司費盡心力每天到處比稿，卻不一定接得到案子，「為什麼一樣要照圈內人的規矩來？我從來沒比過稿，你只要證明你有價值，就不用照規矩來。」蔣友柏把所有能量集中專注在設計上，而他也的確用自己的方式走出一條不同的路，〇八年成立上海分公司，二〇一〇年又新成立另一家品牌行銷顧問公司。

生意可以越做越大，兩點下班的習慣絕不動搖，晚上等到小孩都睡了，他還是可以擠出時間處理工作的事。「一定有時間，看你願不願意而已。」

曾經有想放棄或中斷的時候，他就靠意志力控制。他驚人的意志力，可以從戒酒這件事看出，過去愛喝酒的他，自決定的那一刻起，每一年只有在公司尾牙時喝一次，平時則完全滴酒不沾。

「習慣了，就真的覺得沒什麼。」蔣友柏一派輕鬆的說。

蔣友柏　小檔案

一九七六年生，蔣經國之孫，美國紐約大學史登商學院肄業，二〇〇三年創立台灣橙果設計公司任董事長。

上銀科技總經理蔡惠卿

慢工細活的破繭人生

上銀科技總經理蔡惠卿從小的夢想，就是想像蝴蝶一樣美麗、自由；但命運安排讓她要面臨健康和工作的挑戰，而四十歲以後，她真的像蝴蝶般自由快樂。

六歲時，你的願望是什麼？長大後要當企業家？當總統？還是當個環遊世界的旅行家？上銀科技總經理蔡惠卿的願望是，長大後要像蝴蝶一樣的強壯、自由飛翔。

治理一家有「黑手界聯發科」之稱的上銀科技，想像中的總經理必須要具備思路敏捷、果斷堅毅，跑遍全世界，並成為職場上的強者。

蔡惠卿自小卻是柔弱不堪，離不開藥，沒有人看好她。「那時，我常常生病，大部分時間都躺在床上，床邊上的窗戶，是我跟外界僅有的聯繫。」蔡惠卿的記憶影像，飄回到五十年前。

「望著窗外的天空，等著從隔牆學校圍牆飛過來，色彩斑斕的美麗蝴蝶，是我最期待的一件事。心想，以後一定要像蝴蝶一樣的強壯，能夠自由飛翔，」六歲的印記，早熟到讓人心疼。

小學四年級以前，蔡惠卿的日子就在病榻與學校間度過。常請病假，學業表現不如當模範生的哥哥與妹妹。「出色」這兩個字，從未跟蔡惠卿畫上等號。蔡惠卿動作慢，連吃飯都要比別人多一倍時間。母親最常跟她講的一句話是，「妳動作這麼慢，去工作，還要拿錢倒貼老闆，人家才會用妳。」讓原本就安靜又害羞的蔡惠卿，選擇躲到角落，構築屬於自己的舒適圈，只想隱藏起來。

§要像蝴蝶擁有美麗與自由

在父親細心的以中藥調理、照料下，蔡惠卿逐漸恢復健康，不再是駝著身體、抱著胃喊疼的病人。恢復健康的她，沒忘記病榻中，翩翩飛舞的蝴蝶，帶給她讓身體好起來的動力。「我覺得能夠如同蝴蝶般的美麗與自在，是人生最幸福的事。」她默默在心中下了一個約定。她在窗旁種了許多花草，想要吸引蝴蝶飛來；瘋狂的蒐集蝴蝶標本，要把蝴蝶的美麗與自由留下。

但要擁有真正的「自由」，卻不是件容易的事。畢業後進入職場，蔡惠卿慢慢領悟到，唯有經過蛻變與成長，讓內心自在，才能達到真正的自由。如同美麗的蝴蝶，是經由醜陋的毛毛蟲，蛻變而來的道理是一樣的。

在思索與尋覓的過程中，蔡惠卿跟自己訂下每天「五分鐘之約」。她規定自己，每天至少騰出五分鐘時間「自我反思」。

利用這五分鐘，回溯一遍今天發生的事情，檢視自己對每件事的處理夠不夠到位？「那個主意好不好」、「今天那件事的應對方式處理得好不好」。透過每一次的反思，找出需要改進的地方，讓下一次的自己更進步。這個習慣，她持續了三十三年。

事實上，銘傳商專（銘傳大學前身）商業文書科畢業的蔡惠卿，第一份工作是《外貿》雜誌的編輯，養成她細心、嚴謹的做事習慣。「一頁文字稿，上面留白二．五公分，下面要留白兩公分，左右則要各留一到一．五公分，這樣編排方式，看的人才會舒服。」這是蔡惠卿經過無數次的調整，研究出來最容易閱讀的排版方式。她甚至拿出量尺測量，只要不夠精準，就是重來，一直做到滿意為止。「我不能容許一點點的不完美。」小到連e-mail的編排方式，蔡惠卿都嚴苛的要求自己。「有必要這樣嗎？」蔡惠卿的秘書洪靜宜，私下曾質疑過。「當然有必要，」蔡惠卿說，「這是一種訓練與自我要求，要求多了，自己很快就能抓到問題的重點。」

一百二十分是蔡惠卿給自己分數的標準。「如果那件事可以做到一百二十分，我絕對不會容許自己做到一百分，如果可以做到一百分，我絕對不會容許自己只做到八十分。」

如同彈奏鋼琴一般，必須經過反覆不停的練習，甚至把指尖彈痛了，才會清楚，如何掌握指尖瞬間力道，彈出扣人心弦的樂章。

自我的高標準要求，讓蔡惠卿養成出手前反覆思索的習慣，一出手必定要正中紅心。

§跳進黑手產業大蛻變

蔡惠卿做事動作雖慢，卻極有效率。老闆、上銀科技董事長卓永財對她的「慢動作」曾經不耐，但因為蔡惠卿做事一次到位的能力，卓永財讓步了，讓她決定自己的工作方式，還成了倚重的左右手。從辦雜誌到開企管顧問公司，最後買下禾豐精密機械公司，改名為上銀科技之後，蔡惠卿跟著轉戰不同領域。她從「文領域」跳進機械黑手的「武領域」，還坐上高階主管職位，對她是何等挑戰？

蔡惠卿曾被上銀的客戶消遣，「妳做到總經理，還不曉得公司產品的規格？」對方的「嗆聲」，讓蔡惠卿的內心很受傷，在每天五分鐘反思的過程中，她告訴自己，要用大家看得到的方式，來證明自己懂這個產業。

二〇一一年，蔡惠卿報考自動化工程師證照，利用週末時間，到職訓中心接受為期兩天的車床實作訓練，下班後不斷的練習，直到操作純熟才罷

她的習慣	30多年來每天反思5分鐘，讓自己下一次做得更完美，以120分為目標，一出手就要正中紅心。

手，最後以高分通過。

她還不斷進修，陸續取得學士、碩士學位，二〇一二年，更拿下美國菲利浦大學組織心理學博士。她強迫自己，在每一次會議場合，盡量第一個提問，讓與會的人看得到她。

蔡惠卿用自己的方式，證明自己不再是當年躲在角落的那個小女孩。

「四十歲那一天，我覺得我的人生才開始，我去拍寫真集，覺得自己達到真正的自由。」蔡惠卿說。小時候，從未想過自己可以活超過三十歲的她，不僅度過四十歲，也邁入五十歲。

蝴蝶對她而言，是成長的動力與目標，也是心靈的撫慰。辦公室、家中的擺飾、日常用品，或是服飾都印有蝴蝶的圖案。蝴蝶，是蔡惠卿達到「自由」約定的圖騰，並且深化在她的行為當中，讓自己的每一次演出，都如同蝴蝶般的美麗與優雅。

蔡惠卿　小檔案

一九五八年生，美國菲利浦大學組織心理學博士，曾任《外貿》雜誌編輯，現為上銀科技總經理。

她的成為

進入陌生產業從零學起，拿自動化工程師證照，
還念到博士學位，證明自己的實力。

找出罩門，堅持目標

出版過《怪咖心理學》等暢銷書、超過兩百萬人曾參與其心理學實驗的英國知名心理學教授韋斯曼（Richard Wiseman），在〇七年曾以「達成新年新希望」為實驗主題，邀請三千人，一起試著達成包含減重、運動、戒菸、少喝酒等新希望。

結果發現，男性和女性適合的「新希望達成輔助方案」，大大不同！

男性較適合的方式是：

1 先設定簡單的目標

男性容易因為「大男人氣概」，而設定過度不實際的目標，因此強迫自己設定簡單目標，一步步來，反而能增加達成目標的機率。例如，本週要完成履歷表更新，下週開始，每週要丟出一份履歷。

2 胡蘿蔔比棍子更好

專注在想像達成最終目標時，你的生活會變得多美好。比方說，如果你的目標是要常上健身房，就在你每天都會看到的地方，貼上一張你覺得身材最健美明星的海報。

女性較適合的方式是：

1 跟親友分享目標

很多人都會把新年新希望放在心裡，但注意，女性容易「忘記」自己的目標。妳可以把妳的新希望寫在一張大大的紙上，然後簽名，張貼在家裡讓家人都看得到，或是跟朋友、同事分享妳的希望，並請他們三不五時提醒妳一下。

2 忽視短暫的失敗

新習慣總是需要時間養成，偶爾會不小心變回「舊的妳」。但人都有失誤的時候，請不要太責怪自己，否則這樣的情緒反而會讓妳放棄。

不小心吃了一塊巧克力的時候，請當作自己「只是暫時不小心」，然後繼續努力，不要認為「喔，我失敗了！」

Part 3 準備

定錨，工作前黃金一小時

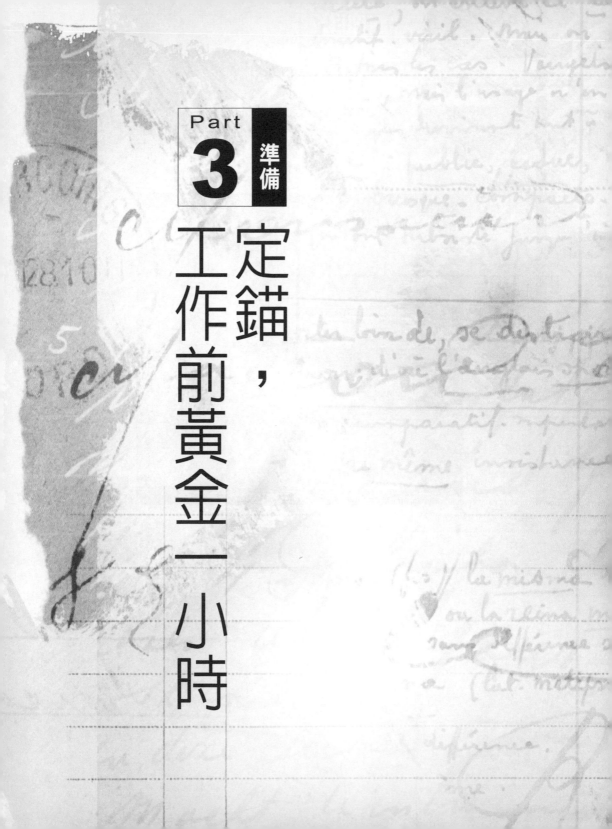

By failing to prepare,
you are preparing to fail.
(Benjamin Franklin)

缺乏準備，就準備失敗。

～美國前總統　富蘭克林～

王品集團董事長戴勝益

泡澡・走路・思考

戴勝益上班的第一個小時，發生在浴缸裡。他利用每天早上半小時的泡澡，加一小時的走路時間，思考公司遇到問題的解決方法，在進辦公室前，已找出問題的答案。

每天清晨六點，王品集團董事長戴勝益就會起床，第一件事，走進浴室，他用泡澡開啟一天，而且，泡在浴缸裡的他就已經開始進入工作狀態，他利用一天當中頭腦最清醒的時候，開始思考工作上的重要決策。半小時後，接著到住家附近走路一小時，這一小時也不是在放空，而是全神貫注的繼續思考。

戴勝益透過每天早上這一個半鐘頭的時間，讓身體一早就充滿能量。等到八點半進公司後，再利用兩個小時把剛才決定的事情做處理。十點半，一般人或許才剛暖好身，準備開始工作，戴勝益卻已經完成每天八成的工作量。為什麼要這麼做？「進辦公室前如果沒有把問題釐清，進辦公室桌上又有一大堆東西，還有臨時加進來的事要處理，就會很亂，」戴勝益說。

他認為：「早上是頭腦思緒最清楚的時候，重要的事情會自己跑進（頭腦）來，這個時間最適合來思考困難、棘手的問題。」

這樣的工作習慣，戴勝益已經持續了十年以上，目的是讓自己有一段不受打擾的時間，可以專心思考。

最初，他是一個非常重視早餐，並且強調要好好坐下來、慢慢享用的人，後來他發現，雖然吃完早餐可以很開心地去上班，但面對越來越多的事情，心情就會越來越沉重。尤其，隨著公司規模日益成長，要管理的事物越來越多，需要做出重要決策的機會也大為增加，必須要有一段不受打擾的時間可以專心思考。

戴勝益的經驗是，如果是坐著沉思，根本想不出東西來，最後只會想逃避。對他來說，一邊泡澡或是快走，在走動的同時，思考才會流暢，即使陷入苦思，也會逼自己想出來。「泡澡可以讓身體流汗，頭腦就清醒了；走路則是思考的泉源，而且要一直走，一停下來思考就會停頓。」

為了能專心思考，他甚至到了十點半、把所有事情處理到一個段落以後，才去吃早餐。因為他覺得，思考的連貫性很重要，一吃早餐就會分心，「如果還有餓的感覺，表示不夠專心，投入不夠深。」

聽起來好像很辛苦，戴勝益卻樂在其中，「因為接下來一整天，我就會很快樂。」他透過泡澡和走路，不但讓身體更有能量，一進辦公室就可以處

他的定錨	每天6點起床泡澡半小時，開始進入工作狀態， 泡澡可以醒腦，接著走路一小時專注思考公司問題及重要決策。

理最困難、最棘手的事情，也因為已經先想好解決方案，面對問題時能更遊刃有餘。

當然，養成這樣的工作習慣並不簡單，尤其，自認愛吃的戴勝益，坦承最初每次看到別人吃早餐都很羨慕，而且吃早餐是很享受、很開心的事，思考問題的解決方案的過程卻是痛苦的。「但是進辦公室之後更沒有時間來想這些事，一直拖下去會更痛苦，」戴勝益半開玩笑說：「時不我予了！身為一個領導者，就注定要過與一般人相反的生活。」他認為，如果不這麼做，接下來的一整天就會手忙腳亂，驚慌失措。

而且，這段精華時間所帶來的效益，就是讓他能夠持續下去的原因，「事情在一開始都解決了，會很有成就感，接下來也會比較輕鬆。所以你看我每天都做得很開心啊！」戴勝益自己分析：「我現在為什麼能解決那麼多事情、洞燭機先、有創意，在大家一籌莫展的時候想出解決辦法，就是因為早上的這段時間。」

戴勝益　小檔案

一九五三年生，台中清水人，台大中文系畢業。三十八歲離開家族事業自行創業，一九九三年在台中市文心路開出「王品牛排」第一家店之前，曾創業九次失敗。以「立即分享、即時獎勵」的海豚領導哲學，以及多品牌策略，打造王品集團成為台灣最具規模的餐飲事業體，擁有旗下兩岸十一個連鎖餐飲品牌。

他的啟航

8:30進公司後，再利用2小時把剛決定的事情做處理，
10:30前已完成每天80%的工作量。接下來一整天就會很快樂。

網路創業家Mr. 6劉威麟

無敵星星開工法

知名部落客兼創業家劉威麟，由《超級瑪莉兄弟》遊戲悟出「無敵星星開工法」，讓工作效率暴增四倍！

穿越玻璃門旁大大的Mr.6招牌，劉威麟一邊道早安，一邊迅速走過一區區辦公隔間，來到最裡面的總經理位置，打開電腦直接坐下，找到昨天下班前刻意起了個頭的文件檔，劈哩啪啦就打起字來。先上廁所、泡咖啡？遜！直接幹活，酷！因為，上班的第一小時，他要把「無敵星星」引出來。

人稱Mr.6的知名網路部落客劉威麟，如今已是家五十人網路公司的老闆。用著比一般人快三倍的講話速度，他解釋，玩過《超級瑪莉兄弟》遊戲的人都知道，當遊戲進行一陣子後，會出現一顆跳動的黃色星星，主角只要吃到星星，就會全身閃啊閃，碰到蘑菇、蘑菇就倒、撞到烏龜、烏龜就彈開，呈現無敵狀態，快的話，靠一顆無敵星星就能跑大半個關卡、直奔終點。可惜這段無敵期間只能持續十五秒，時間過後又得小心翼翼、注意別被

他的定錨	上班第一小時直接上工「撞牆」，先求有、再求好，以快點引出「無敵星星」，加速工作效率。

烏龜撞上。

「工作也是一樣，吃到無敵星星後，速度會變為原來的四倍，一天只要吃到一次，三個鐘頭內就能把全天工作完成。」哪兒有這等神藥？他說，只要有心，每個人體內都有無敵星星。

靠著每天更新部落格文章，劉威麟擁有近五十萬名粉絲，成功為公司延伸出網站行銷顧問、教育訓練課程等賺錢業務。採訪這天，他一開工便發表了篇新文章。剛開始寫的前三十分鐘沒什麼靈感，他說，其實有點痛苦，但仍東寫一段、西寫兩句，強迫自己迎面撞上去；半個鐘頭後，登登登登，無敵星星亮起來，撞牆期結束，靈感湧現，文章一氣呵成。更重要的是，完成後很有成就感，讓整天的工作都很順暢。

撞牆期很痛苦、快撐不住？他還有套「塗漆法」能幫助撐過暖身期，那就是第一個鐘頭先寫最有把握、最有靈感的部分。開頭想不出來？那就先寫第三頁、第十頁，等無敵星星冒出來、武功級數驟升，就能把剩下的空白像補油漆般迅速塗滿，讓最困難的部分迎刃而解。他也補充一個小技巧，在前一天下班前，先為隔天的工作檔案開個頭，更能縮短隔天第一小時的撞牆期。

他分析，有八〇%工作內容，其實是在這無敵星星亮起的二〇%時間內完成。一般人很難預期自己何時能進入行雲流水的狀態，但只要在上班第一

他的啟航

每次撞牆期結束，靈感湧現，文章就能一氣呵成，
現擁有近50萬名網路粉絲，並為公司延伸出網站行銷顧問、課程等賺錢業務。

個鐘頭強迫自己「先求有、再求好」直接上工，就能引出這個天才的黃金時刻。

他不只自己身體力行，更透過管理技巧將這套開工方式傳授給員工。他分析，遇到大案子時，上班族為了想把事情做到完美，總覺得要在自己準備最充分時才開始。這麼一來，早上開工時總是藉口要培養上工情緒，東摸摸、西摸摸，把效率都磨掉了。所以，他只要求看屬下的簡報半成品，甚少檢查完成後作品。讓他們先開工就做個大概樣子，而且看完後一定大大鼓勵，讓他們在完成案子的過程中「很爽」，增加上班第一小時直接撞牆的意願。

這天早上成功吃到無敵星星的他，已完成了所有辦公室任務，「下午我就不用留在辦公室，要找人談事情交流去啦！」

劉威麟　小檔案

一九七六年生，擁有美國史丹佛大學管理、電機雙碩士學歷。返台後投入創投與網路產業，網路經驗超過十五年，出版過十二本書，經營部落格評論網路產業，擁有眾多忠實讀者，被封為網路趨勢觀察家，目前與矽谷創業家弟弟劉威廷共同經營Mr.6公司。

忠欣公司總經理王星威

校準短中長期目標

上班前先想好當天的工作事項，也許是很多人的習慣。但王星威不只列好工作，更核對今天要做的事，和半年、五年後的工作目標，是否在同一個軌道上。

一早，你是否會想起，自己曾設下的五年後人生目標？

早上八點十五分，結束晨起的太極拳練習，忠欣公司總經理王星威沐浴更衣後，進入家中書房，點開mini iPad上的行事曆。從這一刻起的三十分鐘，他把從今天起的五年內個人成長與公司經營的願景，重新檢視一次，然後排序出當天的工作流程。這是他成功啟動高效率工作，讓忠欣代理的多益（TOEIC）測驗，在台考生人數十年間成長十四倍的秘訣。

大多數人每天的開始，想的、做的都是眼前的事，王星威卻用多時區的管理方式，像回到未來似的，在不同時區跳躍，讓自己很清楚每個階段要往哪裡去。

在這黃金半小時內，王星威的工作內容有：一、沙盤推演未來兩週內的

他的定錨	把從今天起的兩週、半年和5年後個人成長與公司經營的願景，重新檢視一次，然後排序出當天的工作流程，讓自己很清楚每個階段要往哪裡去。

所有行程，包括，早上九點半進辦公室召開的第一個會議，要請同事補充一份新資料；中午和日本客戶吃飯；以及，瀏覽下週接受媒體採訪的大綱資料等。二、對照尚未排入行程的各方邀約，與半年的公司經營目標，兩者吻合度高低，並將吻合度低者刪去或延後。三、提醒自己，五年後，個人成長與公司發展的願景。

成立新業務部門、提高同仁的幸福感，還有學太極拳，是他設定的半年後目標。至於五年後，對開始思考專業經理人退休計畫的王星威來說，之於公司，是讓多益測驗成績達五百五十分以上考生，從目前的一五%成長至五〇%；之於個人，則是精進老莊思想，成為道家經典的傳道者。

「不想進到公司辦公室才開始擬工作計畫，是因為不希望被打擾。」這半小時，他不接聽任何來電，只透過簡訊收發與外界溝通。他分享，一早這樣做的好處在於，比對兩週、半年和五年後計畫表，就像腦中同時浮現三個時鐘，當短、中、長三個時區的工作進度參數趨一致，眼前所有事情的輕重緩急，也會變得清晰無比，便能避開瞎忙的陷阱，工作效率大幅提升。

王星威　小檔案

一九五七年生，逢甲大學保險碩士。曾任職蘇黎世產物保險國際行銷部經理、商專兼任講師，現職忠欣公司總經理、美國教育測驗服務社台灣區代表。

他的啟航　所有事情的輕重緩急變得清晰無比，便能避開瞎忙的陷阱，讓忠欣代理的多益測驗，在台考生人數10年間成長14倍。

上班第一小時別看信

上班的第一個小時，你是否總是不經意的讓時間從指縫中溜走？但同時，卻又總成為辦公室最後一輪下班的勞碌咖，淪為職場窮忙一族？

錢買得到大時鐘，買不到一分鐘。「了解你的時間」是管理大師彼得．杜拉克（Peter Drucker），在其著作《杜拉克談高效能的五個習慣》，開宗明義強調的第一個成功心法。杜拉克強調，時間是獨一無二的資源，成為高效管理者的最大特色，就在於他們珍惜時間的方式。

但和縱橫二十世紀的管理大師比起來，當代職場工作者面對的更大挑戰則是，擁有隨時隨地可上網、全球通訊零時差的科技工具，雖帶來無比效率與便利，卻也是將人們一天美好開始，徹底打亂的最大禍首。

麥肯錫全球研究院（McKinsey Global Institute）曾經針對每週正常工時四十六小時的受測工作者進行調查，發現每週人們花二八％工作時間、亦即十三個小時在收發e-mail上；相較之下，員工每週只有一四％的工作時間，亦即約六．四個小時的工作時間，進行內部交流和合作，只有收發e-mail的一半。

別在上班的第一個小時，慣性開啟電子郵件信箱，即是做好一整天時間管理的最佳捷徑之一。美國加州大學曾提出研究報告指出，工作時不頻繁開啟視窗檢查電子郵件的工作者，比較沒有壓力感，而且工作效率較高。

事實上，每天進入上班狀態的第一個小時，若缺乏妥善規畫與自我紀律，所浪費掉的，絕非只是六十分鐘。

佛羅里達州立大學心理學家包米斯特（Roy Baumeister）指出，人的自制力就像肌肉一樣，用久了會感到疲累。

上班第一個小時，意志力控制最強

他接受美國《成功》（*Success*）雜誌採訪時指出，人的意志力是種有限資源，用在各種需要自我控制的行為上。這不只包括抗拒食物誘惑，也包括控制人們的思考過程、控制情緒、抑制各種衝動，以及試著在工作或其他任務上表現優異的企圖心。

更驚人的是，意志力還用在做各種決定，所以當人們進行決策時，也會用掉自制力的部分額度。深刻思考，如邏輯推理，也會消耗掉自制力。因此，在一天漫長過程，應付交通擁擠、煩人的老闆和吵鬧的孩子，以及如同剛烤好餅乾般誘人的電子產品使用等任務後，一個人的意志力便剛好耗盡。

「自我控制的主要失敗和其他錯誤決定，通常發生在一天的後半段，」包米斯特說，因為在早上，經過一夜好眠，意志力供應正充沛，且人們在早上更傾向態度樂觀。一項推特（Twitter）使用者的研究指出，比起其他時段，人們更可能在早上六到九點使用「好棒（awesome）」和「超級（super）」字眼。

換言之，一早是意志力最強的時候，剛上班的第一個小時，處理最重要的事、最棘手的任務，最適合不過了，如同作家馬克．吐溫（Mark Twain）「吞青蛙」的比喻：如果早上第一件事是生吞一隻青蛙，那麼，你會在剩下的時間裡把這件最糟糕的事拋到腦後，而且再也沒有什麼事會變得糟糕。

巴菲特五十年合夥人查理．蒙格

每天賣給自己一小時

蒙格是個逆向思考的人，他把每天早上頭腦最清晰的第一個小時，留給一個最有價值的客戶，以獲取最大的報酬。

「誰是我最有價值的客戶？」問起每一個人，大家可能會在一些客戶名單中絞盡腦汁的去搜尋問題答案。而股神巴菲特的長年事業夥伴查理．蒙格心中的答案卻是：「我！」也就是他自己。

蒙格從哈佛法學院畢業後，一九四九年投入美國洛杉磯一家律師事務所服務。巴菲特在《雪球》（*The Snowball*）書中指出，當蒙格還是一位很年輕的律師時，就很清楚自己才是最有價值的客戶，於是他決定，每天清晨六點到七點，「賣」給自己一小時的時間，埋首研究建案和不動產交易。

《投資奇才蒙格》（*Damn Right !*）一書指出，波克夏經營不動產的績效或許很差勁，但蒙格個人在不動產事業上卻頗為成功。

一九六〇年代，南加州經濟快速成長、土地也充裕，他預見人們將因土

他的定錨　每天清晨6～7點，「賣」給自己1小時，埋首研究建案和不動產交易。

地開發而致富。因此他與別人合作的第一宗不動產開發案——加州理工學院對面的公寓，最終獲得非常可觀的報酬率：四〇〇%（投入一萬美元，回收五十萬美元）。

隨後，蒙格與不同夥伴合作過數宗開發案，地點都選在洛杉磯，公寓也總是迅速銷售一空。他不僅在不動產開發事業中賺到了人生的第一個百萬美元，也賺足了進軍獨立投資領域所需要的資金。

美國雜誌《世界經理人》（*Chief Executive*）指出，資深經理人都應該學習蒙格這個從年輕時就開始執行的策略做法。

蒙格把一天中工作效率最高的時間，用在思考和學習上。「只有在我先把工作效率最高的一小時，用在提升自己心智之後，我才會把剩下的時間賣給其他客戶，」二〇〇八年，蒙格在一手拉拔大的威斯科金融公司（Wesco Financial）股東大會上，如此說道。

查理・蒙格　小檔案

一九二四年一月一日出生於美國內布拉斯加的奧馬哈，現任波克夏・海瑟威公司副董事長，董事長為股神華倫・巴菲特。兩人在一九五九年相識以來，即成為親密的朋友和投資夥伴。

他的啟航　1960年代時趁南加州經濟成長趨勢，在土地及建築開發上取得巨大財富報酬。

獵豹財務長郭恭克

搜獵財經資訊大草原

用好壺泡杯濃茶醒腦，知名投資高手郭恭克用整理雲端筆記開啟他一天的工作序幕，確保了嗅出多空長期趨勢的好績效。

如往常般睡到自然醒，沒有受雇於人的壓力，當SOHO族自己操盤已經十年的「獵豹財務長」郭恭克，悠哉地走進個人辦公室、拉開窗簾秀出無敵淡水河景，轉身從二十幾支心愛的手拉坏茶壺中挑了一支，講究地泡起了濃濃的烏龍茶。茶泡好坐定，拿出筆記型電腦，畫面秀出前一晚歐美股市收盤與當前的台股行情，上班的第一個小時，是獵豹從大草原上搜出可口獵物的關鍵。

只見他迅速連上CNN、新浪美股、StockQ等網站，瀏覽包括英美德法、金磚四國、亞股等十多個主要國家股市行情，半個鐘頭後，再改讀台灣報紙財經新聞。一邊看一邊熟練地抓取螢幕畫面，貼到個人臉書與部落格專頁。「這是我的雲端筆記，」他解釋，以前還在金融業上班時養成了一早剪

他的定錨	上各大財經網站，掃瞄十多國財經數據，剪貼上個人臉書與部落格做雲端筆記。

貼習慣，〇六年起，他改把筆記寫在網路上，不論人在哪裡，都能透過站內關鍵字搜尋找到所蒐集的資料，還能分享給粉絲與書迷看。

看報時，他瀏覽過整份報紙的大標題，並不會一頁頁、一篇篇文章仔細瞧，等回頭再挑出有意思的標題細看，以節省時間。「重要的是，不要看新聞主觀分析，而是看客觀數據。」郭恭克說，在這第一個小時，迅速判斷出各方新聞訊息真假，攸關投資績效。看到報紙寫著某家公司股價看漲，他立刻抓出該公司基本財務營運數字，經驗老到地找到關鍵數字，用電腦在重點處畫紅圈，到網站上一貼，不只提醒自己，眾家粉絲也立刻知道獵豹在「吐槽」了。

靠著勤於筆記，他累積出版八本暢銷書，部落格點閱數已達二千四百萬人次。更重要的是，讓他領先投資界嗅出趨勢變化。他不但成功避開二〇〇八年金融海嘯危機，去年更提早看出美股長多走勢，大賺一票。他舉例，美股多頭的一大指標來自美國非農業就業人口，當這個指標連續為正成長時，美股通常走多頭。他強調，每天第一個小時先檢查歐美前晚公布的經濟數據，比長期盯著個股股價還有效益，「每早持之以恆，就能建立對數據的敏感度。」

這天，他看著螢幕上顯示美國單週初領失業救濟金人數下降，馬上在網站寫下筆記：「美國總體經濟數據指標，初領失業救濟金人數優於預期，持

他的啟航

領先投資界嗅出趨勢變化，
成功避開2008年金融海嘯及看出去年以來美股長多走勢。
還靠筆記累積出版8本書，部落格點閱數逾2,400萬人次。

續提供多頭基本面的支撐。」

做完筆記之後呢？「我沒什麼行程耶！」原來，有了筆記抓重點，他早就不用時時盯盤，基本工作完成，或找朋友聚聚、或喝下午茶，生活可愜意得很呢！

郭恭克　小檔案

一九六四年生，政大EMBA財管研究所畢業，合格證券分析師，知名財經部落格作家，曾任好樂迪及錢櫃企業財務長、荷銀投信副總，人稱「獵豹財務長」。著有《散戶啟示錄》、《贏家聖經》、《獵豹財務長給投資新手的第一堂課》等書。

永慶房屋冠軍超業蔡岳軒

看新聞激出作戰感

三年竄升第一名超級業務員，蔡岳軒每天工作的第一小時是看新聞，不但吸收資訊且能增加與客戶互動機會，更讓他能隨時保持打仗的心情。

六十六年次的房仲業務員蔡岳軒，入行只有三年，二〇一二年卻以新台幣十六・五億元的總銷金額，拿下永慶全台第一。他每天上班的第一件事，就是在家看新聞，用新聞剪輯和客戶產生一天的第一個互動，成為他業績頻創新高的秘密武器。

他先打開財經新聞台，關心國內外股市、房地產、總經等相關資訊，也上網瀏覽三家報紙新聞，看到有重要或高相關新聞，就會立刻用iphone或ipad拍下來，傳給他認為會關注這個消息的客戶。

不同於一般房仲可能利用早上進公司前去拜訪大樓管理員、發ＤＭ或補眠休息等等，在蔡岳軒眼中，資訊的掌握才是最重要的，尤其是在每天工作的第一個小時。

週間，公司規定十點上班，蔡岳軒利用在家的時間，早上九點之前就會完成以上工作。其實，每天都有負責值班的同事會到公司先做新聞整理，等到十點在會議上向所有同事報告，「等到那時就太晚了！」蔡岳軒認為，現在新聞訊息帶來的影響很快，但也很短，時效性很強，所以要越快越好，如果不能在第一時間掌握，很容易就失去了機會。

舉例來說，去年有一天他一大早在電視新聞上看到「太子敦南大樓標脫九十一億」新聞，立刻拍下畫面寄給一位要在敦化南路上找物件的買方，再打電話去討論，「這一定會帶動行情，你要趕快買！」結果，客戶當天就付斡旋金、三天內就成交六千萬元以上商辦。「如果晚一點，搞不好賣方就改變心意了。」

蔡岳軒把掌握所有房產與財經重要新聞，當成每天上班的第一件事，對他而言，除了提供即時新聞給潛在客戶，促進成交機會外，也可以增加與客戶互動的機會。更重要的是，可藉此提升自己的專業度。

他認為，陪客戶打高爾夫、品紅酒等，只是拿到敲門磚而已，但若取得資訊永遠比客戶更多更快，並加以分析整理，才能建立自己的專業和客戶的信任感。

而且，如果去鑽研某個客戶有興趣的領域，不但投入時間長，也只能熟悉單一領域，他認為，客戶是多元的，「收集新聞資訊，是最便宜的方法，

他的定錨	在家瀏覽報紙及電視財經新聞，看到重要新聞就立刻用iphone或ipad拍下來，傳給他認為會關注該消息的客戶。

也是建立專業和信任最快的方式，」因為這一定是客戶會關心的。

過去，蔡岳軒曾是金融理財專員，所以先前就有養成一早關注財經新聞的習慣，對他來說唯一的困難在於時間的掌握。因為房仲業務員工作時間長，通常都到很晚，他必須掌握早上的黃金時段和家人及小孩相處，所以透過電視以及iphone或ipad等，「其實這些工具大家都有，只是看你要不要這樣去用。」時間越少，讓他越要懂得利用工具去精準掌握時間。

此外，透過上班第一個小時就掌握新聞資訊，短時間內大量接收訊息，也讓他更振奮精神，保持隨時在戰場上戰戰兢兢的心態。

蔡岳軒　小檔案

一九七七年生，文化大學企管系畢。永慶房屋遠企敦南店襄理，二〇一二年永慶房仲業務員全台冠軍，總銷金額新台幣一六・五億元。過去曾任理財專員，二〇〇八年金融海嘯時離開金融業。

他的啟航　用新聞剪輯和客戶互動，成為業績頻創新高的秘密武器，曾因此在3天內成交6千萬元商辦。

名電視製作人詹仁雄

最血淋淋的先面對

最難的先面對，不僅可以讓接下來的上班七小時變得輕鬆，也能讓自己提早判斷，減少執行上的落差，而詹仁雄就是箇中好手。

這是一個歌頌速度的產業，如果你不能跑在它前面，很可能就被淘汰在邊緣；而為跑在疾風前，先面對殘酷現實的人，會是贏家。製作《康熙來了》，帶出台灣談話性節目新趨勢，且成為兩岸高收視率指標的電視製作人詹仁雄，是箇中翹楚。

在演藝圈中，詹仁雄算是一個異數。在隨傳隨到二十四小時待命的產業環境中，他不僅是台灣最多產製作公司總經理，也是一位漫畫家、作家。最近集結過去創作而成的圖文書，上市不到一個月便突破兩萬本。產量之多，讓人懷疑他的一天是不是比別人多了八小時。

他如此從容，在於第一小時跟別人掌握的不同。

最血淋淋的先面對，是詹仁雄選擇的方式，也是一天「脫困」的源頭。

他的定錨	看前晚收視率排行榜，最血淋淋的先面對。 把衝突性的現實，當作一天醒醐灌頂的咖啡。

這件最殘酷的事，就是看前一晚收視率起伏表。他的理由是，「最殘酷的先面對，一天下來也就沒有什麼好擔心的。」他把衝突性的現實，當作一天醒醐灌頂的咖啡。

選擇在工作第一個小時看收視率表，為什麼？「我們是個跟時間賽跑的行業，越早從收視率中看出問題與提出改善建議，就能即刻調整節目錄影的節奏與方向，解決掉可以避免的問題。」他進一步解釋：「可以更快重組、更快反應。越晚講，執行者就難將完整度呈現出現，風險就越大。」好比說，從單分鐘收視率中可看見哪些是受歡迎的藝人，然後建立經濟法則，要調整時可馬上上場。速度感和現實感是這一行的必備。

而，數字所帶來的現實感，也成為節目創新的動力。例如九年前的《康熙來了》，就是在鄉土劇大行其道下，為突圍而產生的、以中產階級為目標觀眾的小品節目，至今一做九年，還風靡兩岸，靠的就是從收視率中體悟到如何貼近人性與人心之道。

另一個例子則發生在最近，他所執導的《pm10-am3》微戲劇，原本只是以四百萬製作費拍攝，第一季共二十集，卻在北京樂視網創下總計十七億次點擊率，是樂視網播映戲劇之最。高點擊率反讓樂視網捧著新台幣一億元製作經費，商請拍攝一百集。

這個節目新點子來源，也是從每早看收視率來的。他從收視率中，看出

他的啟航　越早從收視率中看出問題，就能在錄影時及早調整，解決掉可以避免的問題，節目不斷創新，讓《康熙來了》紅9年，風靡兩岸。

都會現實是可攻下的市場缺口。因為台灣戲劇不是停留在鄉土劇的歹戲拖棚，就是偶像劇標榜的高帥富，他選擇切入「野模、富二代」等辛辣話題，反而因為貼近現實，在網路世界中掀起討論話題。

只是，數字很魔幻，如何不被它左右？不好時要能創新，好的時候要能把持住原則。詹仁雄坦承，「很難，但要面對。」因為從數字中，他發現，最有效的收視群眾是二十歲到四十四歲的工作婦女，而這也是他判斷的基準之一。

從數字中建立經驗法則，進而落實到對大眾品味的判斷。例如，講鬼故事在星期一會很受歡迎；談話性節目到了星期五就不行，但旅遊節目大紅，唱歌選秀節目在星期日會「中」，「每一天每個時段都有不同個性，但有幾個慣性會出現。建立經驗法則，節目收視率高的『可能性』就大，」詹仁雄的經驗證明了，善用上班第一小時處理最難的事，其收穫可能是一小時的百倍效益。

詹仁雄　小檔案

一九六九年生，實踐家專平面設計科畢業。身兼電視節目製作人、漫畫家、作家等角色，筆名「人二雄」。製作知名節目《康熙來了》、《我愛黑澀會》、《超級星光大道》等；漫畫作品有《電視好國民》、《愛的自然現象》、《愛失禁》等。

贏在起跑點，上班第一小時最該做的十四件事

根據《富比世》雜誌、麥肯錫全球研究院（McKinsey Global Institute）的研究，建議上班族在開始工作的第一個小時中，適合做的一些事：

★ 準時上工

★ 深呼吸

★ 花五分鐘調整自我

★ 想像今天是全新一天

★ 別悶悶不樂

★ 評估順序，決定哪些今天完成

★ 活在當下、接受現實

★ 跟同事非正式開會

★ 確保工作空間整齊有序

★ 別因公司內部信箱而分心

★ 聽取語音信箱

★ 打重要電話、寫緊急的信

★ 處理最需要腦力的任務

★ 安排一個上午中場休息時段

平面美術設計師聶永真

甜蜜的資訊雜讀時光

很多專家說：時間管理做得好，就是排出最重要的事；但聶永真卻反其道而行。

每天上班的第一個小時到底有多重要？這可能是讓你對所有工作了然於心、開始捲起袖子做事的一小時，但對知名平面設計師聶永真而言，在第一小時所做的事，卻是看似閒散的閱讀當天最新雜誌。

聶永真，三十六歲，是知名藝人五月天、周杰倫、張惠妹、王力宏、蔡依林等天王天后專輯封面背後的無影手，在唱片業最低迷的近十年間，卻設計超過四百張唱片封面，堪稱國內最多產的平面設計師。對於每月至少有來自兩岸二十件以上書籍和封面設計的邀約，時間對於聶永真來說，「不夠用！」

住在台北新店的他，通常與家人共進午餐後才出門上班，迥異於上班族的朝九晚五，他進到位於安和路二段的工作室，已經是下午一點半。一杯咖

他的定錨	下午1:30坐在工作室的白沙發上讀當月雜誌，從流行雜誌到財經訊息都納入雜讀範圍，對他而言是一天工作中的甜蜜時光。

啡加上一根菸，是工作的起點，但真正讓他進入工作第一個小時的暖機處，則是通片透明玻璃引進大把光線，光影下的兩人座白沙發。

跟許多時間管理理論恰好相反，聶永真一天時間的區塊分配，第一個小時是先處理次重要的事，如看雜誌；接著才進行最重要的事（需要專注不允許被打擾的工作），像封面設計；等到半夜一、兩點工作快要結束時，才集中處理一般人常陷入的「e-mail陷阱」。

他的理由很有趣：「為了想要快點回家睡覺，就不會開「mail想東想西或亂逛網站，浪費很多時間在虛忙上。同時，不會一整天被信件的『叮咚』給切碎時間。」

為什麼上班第一個小時，是雜讀每月最新雜誌呢？「真的很忙，如果不是第一個小時處理，很容易就不看了，訊息就溜走了。閱讀也是一種省略『不安』的切換模式，」聶永真自剖，「上班前一個小時先讀完當月雜誌，這就好像是一天工作中的『糖果』（甜蜜時光）。」

他看的雜誌很廣，從介紹年輕人流行訊息的《*milk*》，到以文字論述為主的《攝影之聲》，沙發上的書櫃偶爾還會出現財經雜誌，他無所不看。從流行雜誌中，除可吸取新訊息外，還能建立「buying list（購買清單）」，提醒自己努力工作，然後便可以購物，這就是他所謂的「甜頭」。

然而，更深層的是，雜讀讓他不會陷入「第一邏輯」的迷思。他認為，

他的啟航

透過雜讀看出什麼是重複的訊息，
讓自己的創意不會陷入「第一邏輯」的迷思。

創意如果都是想當然爾，那跟別人想的有什麼不一樣？大量閱讀雜誌，除了吸收新訊息外，還可以反向提醒自己，張大眼看見什麼是過多、重複性的訊息，自然也提醒做設計的自己，不要被大量流行訊息給麻痺。

再者，一本雜誌代表一組團隊群策群力的結果，短短一小時就能讀到一個團隊辛苦工作後的結晶；雜讀的方式，也才能應付來自書籍、唱片、各式包裝設計的要求。同時，雜誌整理出來的專題，也較網路有系統，省去很多時間，讓自己在工作、吸收知識上更有效率。

經常要東奔西跑的他，第一個小時與雜誌「共舞」的美好時光，不會容易被打斷嗎？「會，但就看你要的是什麼，」他坦承，為了不讓自己被時間追著走，一貫作法，就是嚴守大塊時間區隔做事模式，且提早將案子排序出來，然後用最笨方法，一件件做完。

點進他電腦裡的行事曆，發現採訪這天卻是一片空白。原來每當他完成一件事，就會把一件事從行事曆中刪掉，借此管理時間和清理工作進度，才能避免設計者的宿命：被截稿時間追殺。

「我選擇自己最舒服、最喜歡的工作方式。」聶永真工作的第一個小時，不是從任務中開始，反而從最人性的「甜頭」嘗起，卻能在繁忙工作中，取得最平衡的姿態。

聶永真　小檔案

一九七七年生，台灣科技大學商業設計系畢，永真急制Workshop負責人，曾為五月天、張惠妹、周杰倫等知名藝人專輯做視覺包裝，是台灣平面設計界最受矚目的設計師之一。

頤德國際董事長蔡明動

和員工一起讀經典

公關服務業工作緊湊，頤德公關董事長卻每週帶領員工一起讀中國古典經史、修練心性，改變了一家公司的文化。

這天早上，頤德國際董事長蔡明動進入辦公室，最先打開的，不是桌上的個人電腦，而是厚重的《山海經校注》。把心性調養當作一早最重要的功課，與商業世界的快節奏並不衝突，因為，微軟、鴻海都曾經找上他並成為其客戶，說明其經營的底層理念得到很多人認同。

過去六年來，每週五上午九點到十點半，是蔡明動領著同事讀經典的時段，眾人輪流分享讀經的心得，像是來到私塾聽講學般。而在《山海經校注》之前，光是通曉老子的《道德經》，就花了整整四年時間。

公關產業競爭激烈，天天被客戶無止境的需求追著跑，還花時間搞如此另類的調心養性，選的又是乍看與商業無關的文史讀本，究竟是為了什麼？

「老祖宗的經典，盡是義理之辯，觸及的是直指人心的學問。」蔡明動

他的定錨	每週五上午用1個半小時，領著同事讀經典，輪流分享心得，已讀完老子《道德經》，現讀《山海經校注》。

認為，《道德經》蘊含無窮智慧，指出無為不爭能帶來最大力量，頤德也因此成為全台最早鼓吹企業社會責任的公關公司。又例如《山海經校注》，不只有夸父追日神話，更是最早探討生態學的地理誌，啟發的是人對自然的崇敬之心，印證如今綠色經濟的興起。而藉由接觸經典，跳脫工作上的既定框架，對年輕同事來說，則是開啟心性的最好方式。

蔡明勳解釋，開啟心性即是提升視野、擴大格局，對同仁們帶來的最大好處是，跳脫公關公司的單一角色，思考整體產業發展方向，甚至人類該何去何從的大趨勢。

除此之外，由於討論經典的過程，必定觀照到生命原點的終極關懷。因此，一個人的本質和價值信念，也會被赤裸裸的顯露，再加上長期的觀察，組織內哪位成員，具有擔任主管特質的將才基因，也很容易被凸顯出來。

一定程度上，蔡明勳其實是把讀經當作內部教育訓練、蓄積組織軟實力的活動之一。但最特別的是，他從不硬性規定同事都要乖乖準時來捧場，「具備自發的主動性，是任何學習成長，最重要的成敗關鍵。」他強調。

蔡明勳 小檔案

一九五五年生，文化大學勞工系、美國田納西大學EMBA，頤德國際、富信金資產管理顧問公司負責人。長年研修印度瑜伽，並跟隨愛新覺羅毓鋆研習四書五經三十多年，以儒家經學淑世精神落實在企業組織價值中。

他的啟航

藉由接觸經典，跳脫工作上的既定框架，開啓同仁心性，還能觀察員工潛能。

台北一〇一董事長宋文琪

與菩薩對話

早自過去繁忙高壓的金融業工作時期，宋文琪就靠著每天早上與菩薩對話的過程，讓自己充滿信心，維持好的身心狀態，用飽滿的正面能量面對每一天。

每天早上，台北一〇一董事長宋文琪出門前，都會在自己家中兩坪大房間裡設的小佛堂前，點上一炷香、一根蠟燭，念了一段祈請文，然後開始與菩薩對話。先從「希望所有眾生離苦得樂……」、「中華民國風調雨順國泰民安」開始，然後提到自己的家人健康、工作順利等等，並且感謝自己所擁有的一切，最後再把當天重要的事情或決定，在心裡向菩薩說一遍。

雖是一種宗教信仰的表現，但更重要的是，這過程為宋文琪帶來一整天的正面能量。

信仰藏傳佛教超過十年的宋文琪，無論是過去在高度緊張的金融業的執行工作，或是如今擔任一〇一董事長的決策工作，她都會以這個「與菩薩對話」的過程開啟一天的工作，「佛堂在我工作生涯當中，扮演非常重要角

她的定錨	每天早上在家中佛堂誦念祈請文，與菩薩對話， 感謝自己所擁有的一切，再把當天重要的事情或決定，在心裡向菩薩說一遍。

色，」宋文琪說。過去從事金融業壓力大，市場、客戶、投資的變動都很大，需要隨時處於高度注意與警戒狀態，繃緊神經。對她來說，最重要的是維持好的身心狀態，而支持她的這股力量，就是來自每日早上與菩薩對話。

對宋文琪來說，這是一種寄託，她藉此得到穩定的力量，「出門的時候就好像帶著菩薩，一天都會跟著你、加持你，可以更有信心，」她說，事實上也不會去想菩薩到底有沒有跟著自己，反正就是要在良好的身心狀態下，帶著正面能量去公司。「我覺得不只是宗教，這是每日一大早正面能量的啟發，讓你有信心。」

宋文琪也把佛堂照片存在手機裡，需要時就看一下，尤其需要做出重要決定時，「不是希望菩薩幫你做決定，是希望你頭腦夠清楚，有足夠的智慧，來讓你做出正確決定。」

現在她的工作不像過去在金融業，每天都要親身投入高壓的執行工作，但卻有另一個層次的壓力。她深覺自己工作對這座台灣地標與象徵的重要性，每天上班前都會提醒自己要不負使命。所以她每天的第一件事，就是把自己調整到最好的狀態。

而對她來說，幫助調整好狀態的就是宗教信仰。「每個人到了一個階段，開始會去思考人生是什麼？最後會落在一個自己的相信裡面，相信你的人生是怎麼一回事，你的人生在面臨重大決定時，也會base on那個相信。」

她的啟航　帶來一整天的正面能量，做決策時更有信心，生活也過得更從容。

早年曾是天主教徒的宋文琪認為，無論相信什麼宗教，甚至什麼都不相信也好，但一定要想清楚自己的「相信」，以此作為行為與決定的準則，就不至於慌亂或沒有方向。遇到各種狀況，也可以據此找到答案。

舉例來說，她相信人生是輪迴的，人有前世來生，所以遇到逆境時，就當作是這輩子的人生功課，必須去克服與學習。

信奉藏傳佛教對她來說，是一個漸進的過程，最初接觸時也覺得不可思議，「這能相信嗎？」後來一次次遇到挫折、生病、失去親人，讓她堅定了信仰。「這對我來說是重大轉折，對我的幫助蠻大的。不只是工作上的挫折，或是生活上的挑戰，宗教是除了家人以外，最重要的幫助。」

宋文琪也會在佛堂裡靜坐，沉澱心情。她認為，心的本性是什麼都沒有，所有的煩惱都是因為自己而起，想通這一點，所有事情都變得容易許多，「當然，這很難，我也還在修行當中。」但至少，身負重任的她，過得比以前更加從容。

宋文琪　小檔案

一九五四年生，東吳大學外文系畢、政大企家班及倫敦大學管理學院高級管理班結業。歷任怡富投信總經理、怡富投顧總經理及董事長、匯豐中華投信董事長，有「基金教母」之譽。現任台北一〇一大樓董事長。

e-mail以外，工作時間的五大殺手

總是埋怨工作時間不夠用？你該建立一份上班時的「不辦清單」，專注於必要工作，搶回時間主控權。

生產力專家（The Productivity Pro）顧問公司總裁史塔克（Laura Stack）認為，不重要的雜事會扼殺你的生產力。她在《上班八小時，練習只做重要的事》書中指出，建立一份「Not to Do List」（不辦清單）能減輕你的工作壓力，消滅時間殺手，同時也能讓你騰出更多空閒時間，專心思考必要的工作。

「不辦清單」內容因人而異，除了不要一直查看e-mail以外，還有以下五大時間殺手：

1 不要事事必躬親，只做關鍵任務

如果你凡事都要自己來，這會吃掉大量的工作時間，也大幅耗損精力。請為你自己考慮，怎麼做比較有利。

《富比世》指出，如果一項任務能交給比你更有技能完成的人，你就應該倚賴別人，讓自己專注於最關鍵的任務，而且是別人做不來的事。此外，絕對產生不了重大成果的瑣事，準備拋棄它吧！你只需要把時間貢獻在最重要的事

案上。

2 不要進行無謂的多工，一次只專心一件事

《麥肯錫季刊》曾指出，同時處理多項任務是很糟糕的應對方式。因為大腦最適合一次專心處理一項任務，當人在多項複雜任務間轉換時，效率會出奇的低。

研究指出，同時處理多項任務的受試者，比起依序完成同樣多項任務的人，需要多花三〇%時間，且失誤增加一倍。並行多工時，我們往往快速處理的是，待辦清單中比較簡單的事，但這對於解決最棘手的問題，很少幫得上忙。多數狀況下，這只是在變相拖延時間。

3 不要拖拖拉拉，設定可進步目標

《拖延心理學》一書指出，拖延者往往沒有意識到自己是完美主義者，因此，別再仰望不可能達成的高標準，請設定一個合理的目標，同時，也不要對自己太過嚴苛。你設定的目標應該是為了讓你進步，而不是阻礙你的努力，讓你感到沮喪與失落。

4 不要流連社群網站，私事回家處理

從產能觀點，史塔克認為，社群網站堪稱時間的吸血鬼。許多人在工作時間上臉書，不是為了公事，而是為了私人聯絡用途。此外，也有許多人在上班時處理記帳、訂票等個人瑣事，而這些事會一點一滴侵蝕你的工作時間。

從今天起，盡可能在下班前把工作完成，準時回家，好好在家處理個人事務吧。當然，有些人可能必須跨國、跨時區工作，很難明確區分處理上下班時間，但是謹記這個觀念，可讓自己盡可能在工作時專心工作。

5 不要四處抱怨，多說具生產力的話

史塔克強烈建議，八卦與抱怨是兩種一定要自制的社交行為。這兩種行為不但浪費時間，無助於你達成工作目標，更可能對自己與他人造成傷害。

《企業》雜誌也奉勸，不要在背後說人閒話。八卦的內容往往不具建設性，也不會為八卦傳遞者建立任何正面形象。把你的時間放在有生產力的對話上，你會完成更多事，並且贏得更多尊重。

Part 4 承諾

紀律，實踐跟自己的約定

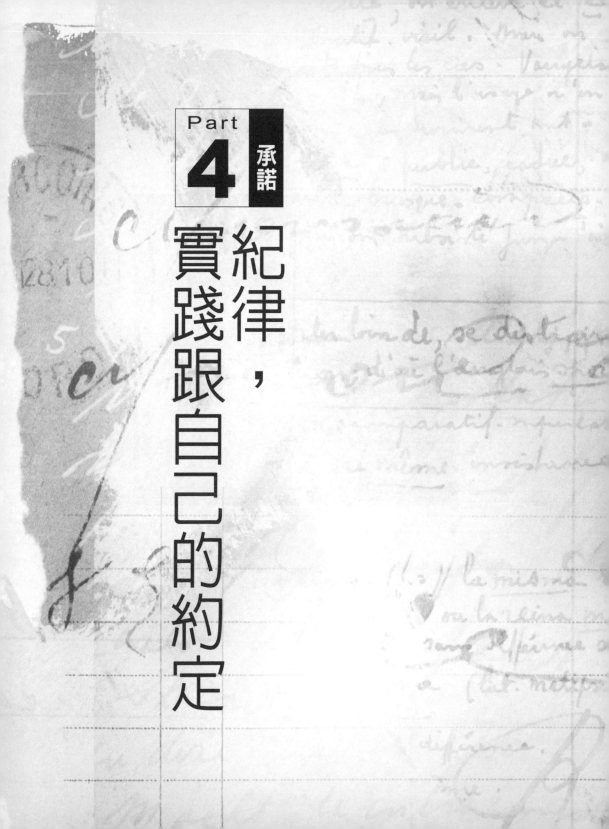

Commitment is an act, not a word.

(Jean-Paul Sartre)

承諾是一種行動，不是一個名詞。

～存在主義大師　沙特～

美國國際攝影獎紀實攝影首獎沈昭良

紀實攝影獨行俠

在許多攝影師求快速出名的時代，沈昭良持續投入耗時的長篇形式影像創作，二十年不改其志，因而獲得國際肯定。

二〇一三年一月十三日，星期日，冷氣團南下，整天溼冷。下午三點，男人孤獨的開著白色福特嘉年華，車後座躺著二十多公斤的攝影器材，駕駛座前方的公里數標記出二十九萬零三百二十四公里，相當於繞行赤道七．二四圈。他正駛往五股山區的一場辦桌尾牙。

但他不是要吃尾牙。到了現場，男人入神的盯著前方的電動舞台車，三不五時伸出手來比個照相框的手勢，再停下來抽根菸思考；人聲越嘈雜，他越專注，等著在太陽下山前十五分鐘按下快門；「感受到這氣氛，我整個人都活過來了。」他說。

男人名叫沈昭良，二〇一二年美國國際攝影獎（IPA, International Photography Award）紀實攝影集職業組首獎得主，從全球一百零三個國家、近一萬五千件參賽作品中脫穎而出，也是該獎有史以來第一位台灣得主。過去七年來、超過三百個週末，沈昭良就像電影《龍捲風》裡逐風的學者，只不過他的目標不是龍捲風，而是台灣庶民生活裡的舞台車；五股這天行程，等於過去七年的一小片縮影。

§每部作品都耗時逾五年

「每年年中，中南部廟會很多，廟會煙火在嘉南平原上一叢接一叢，哪裡有煙火，我把車開過去，就會遇到舞台車。」沈昭良拍舞台車，累積成《*Stage*》攝影集，問世以後，海外參展超過十國。

早在《*Stage*》之前，他已經創作《築地魚市場》、《映像．南方澳》、《玉蘭》、《台灣綜藝團》（尚未出版）等四組長篇紀實攝影作品，每部拍攝時間都超過五年。長篇紀實攝影雖曾在一九八〇年代獨領風騷，但隨時代更迭，現在反而在所有攝影文類中顯得吃力不討好；「特別細工、耗時，是種手工藝的創作，根本沒人要做，」政大廣電系副教授郭力昕分析，「反觀現在多數攝影師尋求快而便捷的方式被人看到，甚至放棄相機轉做視覺藝術家。」

一九九三年，沈昭良在日本念書，因某次攝影作業迷上東京築地魚市場裡的庶民生活，從此將長篇紀實攝影定為一輩子的約定，而且每個題材結束都要出書。憑熱情立約並不困難，但要實際執行出成果，並持續二十年，熱情之外，還有賴務實的策略和意志力。例如，早期創作《映像・南方澳》為漁村生活錄像，六年內跑五十趟，需要一大早到當地參與觀察，甚至等著跟船出海。沈昭良偶爾陷入創作低潮，或身心俱疲，真的不想去，他便會用「吃」砥礪自己，跟自己約定「一定要在早上六點半到南方澳喝碗豆漿，」用更積極、更聚焦的約定刺激自己出門。這碗熱騰騰的豆漿，就連結了他與攝影創作的約定。

雖志在創作，沈昭良自始便非常務實。從日本念完書回台灣就業，他曾先嘗試做獨立工作者，但欠缺經驗、人脈和資源，嘗試兩、三個月後，他意識到必須另外有份穩定待遇的工作，否則經濟便成問題；從那以後，他克制全力投入創作的衝動，長期規畫鋪陳一個兼顧麵包和理想的環境，約定才走得久。

一九九六年沈昭良進入《自由時報》擔任攝影記者，賺取固定收入，也可以維持拍照的手感，透過快門聲提醒自己不忘創作；二〇〇〇年他將創作作品投稿《經典》雜誌，角逐金鼎獎，利用得獎、比賽讓自己的作品在國內被人看到，再參加國外徵件和比賽，打入國際市場；二〇〇三年他進入台灣藝術大學應用媒體藝術研究所修習碩士，為日後邊創作邊兼課做準備。有了這些準備，到〇八年沈昭良離開職場，他同時在經濟上也架構好生活備用金、每月收入和創作預算三個經濟支柱，足以讓他放心投入獨立創作。

「全世界沒幾個獨立攝影者可以光靠拍照為生，我沒那麼清高，也要做很多雜耍的事情，這是命運，沒有辦法。」沈昭良說，「我也希望更純粹、專注做這件事，但是有困難，反過來說如果什麼事情都鋪排得很順利，你反而不會動。」

§ 只為感動自己

計畫訂得完善，約定未必實現，關鍵仍在身體力行。由於正職工作占去週一到週五上班日的時間，他只能利用週末和休假進行創作；當報社的繁瑣事務和文書流程已把沈昭良折騰到筋疲力盡，離開台北投入創作反而成為另類紓壓，每到放假前一晚，他便迫不及待的打包，隔天凌晨一大早出發拍照；就算颱風、下雨，拍不了照片，他還是會到現場親眼看看不同狀態下的場景，維持跟創作主題的連結。

「我一直很想拍照，沒有拍照我會焦慮。相較於二十年前，我對拍照的熱情，沒有淡卻，」他說得自信。

外在阻力最不可抗力的因素莫過於人。拍攝《台灣綜藝團》系列初期，

他的約定	堅持走細工、耗時的長篇式紀實攝影路線。 即使只能利用週末和休假進行創作，仍不曾中斷自己的熱情。

因為媒體報導忽視歌舞團背後庶民文化脈絡，而把脫衣舞、色情表演畫上等號，讓他們對拍照相當排斥。他們也不了解何謂「紀實攝影」，剛開始看到沈昭良拿出相機，會充滿敵意禁止他拍照，他便會拿出事前準備好的攝影作品，一五一十的解釋自己拍照目的和計畫，如果對方仍堅持拒絕，讓他拍不了照，他也會繼續待在現場，只要進入庶民生活的場域，他便專注的忘了時間。

「攝影跟畫畫不同，你一定要在現場，特別是我的議題都跟現實有關，我一定要在那裡。」沈昭良說，「遭受挫折是基本內容，一直處在裡面，也就不算有挫折了。」

扣除務實和意志力，支持沈昭良完成約定，還有一個關鍵因素：人情味。

沈昭良堅持不用GPS（因為他認為用GPS會讓人變笨），七年下來追逐了一百二十多輛舞台車，舞台車出沒之處經常是中南部偏鄉小鎮，每每需要靠舞台車老闆協助指路，才找得到；到了現場，舞台車老闆繼續幫他跟工作人員溝通，最重要的是在他要拍照的時刻，協助清場並點亮舞台車。他曾在二〇一一年出版的攝影集《*Stage*》自序中表達對這群陌生貴人的感動：「回想起方才老闆的口頭指引，相較於冰冷的衛星導航，不但未失準度，更多了些人情與溫度。」

他的完成

完成《築地魚市場》、《映像·南方澳》、《玉蘭》、《台灣綜藝團》、《Stage》等大作，作品三度獲國內金鼎獎及國外許多獎項，《Stage》更獲得2012年美國國際攝影獎紀實攝影集職業組首獎。

來五股拍照這天，拍攝工作在六點半結束，他硬是在冷颼颼的山上等到八點多，為的只是將攝影集送給鏡頭下的跑場歌手，沒想到錯過她們上場時間，撲了個空；「下次再交給她們好了，」沈昭良喃喃自語著，下山時已九點多。

「究竟是什麼原因讓你願意二十年來專注長篇形式的記錄創作？」筆者問他。

「有人說一張照片具備改變國家社會的力量，也有人說成就感、使命感，這些對我來講太遙遠。現在對我來說，拍照是為了感動自己比較多，」他笑了，「還有，人笨就做久一點。」

這便是沈昭良跟自己履約的一天。

沈昭良 小檔案

一九六八年生，畢業於台灣藝術大學應用媒體藝術研究所。曾任《自由時報》影藝中心攝影副召集人，現為獨立攝影工作者。

流通業教父徐重仁

每天清晨與妻子約會

許多夫妻經常在不知不覺間，減少了互動，多數人並不在意，以為伴侶會永遠等在那。徐重仁為避免夫妻感情疏離，七年前和太太立下一個約定。

二〇一三年元月中旬，某天的清晨七點半，天空陰沉、帶點寒意，典型的冬季台北天氣。士林洲美街基隆河畔的腳踏車車道上，遠遠的，有位身穿橘色上衣、黑色長褲自行車裝，耳朵還塞著耳機的男子，正快速的由南向北騎來，他是「流通業教父」、統一超商前總經理，現任商業發展研究院董事長徐重仁。這個時間，是他與夫人的「約會時段」，不是一同騎腳踏車，就是一起散步。

並非婚後就有這項約定，而是在工作一段時間之後，徐重仁自覺工作與家庭之間似乎有失衡的危機。「回到家，太太可能在書房處理事情，幫我整理資料或是上網，我也忙著自己的事，我們各做各的。有一天，我突然不知道太太在想什麼？」夫妻感情不錯的徐重仁，心思細膩的警覺到，若彼此的互動減少、溝通減少，長久下去可能會出現疏離感。

行動派的徐重仁，決定要立即改善現狀。七年前，他主動向太太提出，要和太太一起去運動的約定。對兩個喜歡散步、騎腳踏車的人來說，這是再好不過的提議，難度是要能夠持之以恆。

只不過，對於當時掌管台灣最大超商系統、年營收千億元的徐重仁來說，時間，正好是他的罩門。但七年過去了，每天清晨的「約會」，成了他們最期待的時光。

徐重仁急於想要知道太太的內心思維，主要是有十幾年的時間，太太陪著兩個兒子在美國念書，徐重仁則忙著在當時任職的統一超內部創業；分隔兩地，徐重仁只能趁著出差或是放假時，到美國探親，彼此的溝通時間因此跟著變少。如今，小孩長大了，各有自己的家庭與生活圈，「現在我跟太太兩個人的生活，才是生活的重心，」徐重仁感性的說。

在商場上，徐重仁總能敏銳且精準的發現商機，創造市場。星巴克（Starbucks）咖啡連鎖店、Mister Donut甜甜圈等，因為他超強的觀察力引進台灣，在國內大放異彩。他的經營理念，認為「預防」勝於治療，為了避免經營失敗，徐重仁總會預先做功課，防患未然。家庭的經營也是如此，也要細心經營，才不會造成遺憾。

「散步是最好的溝通時間。手上的工作放下來，那一小時沒有電腦、沒

他的約定	警覺到過去與妻子互動、溝通較少，恐將出現感情疏離，便主動向太太提出每天一起運動1小時的約定。

有手機的干擾，兩個人走在一起，就會找話講。每天東講一點、西講一點，心裡的高興與不高興、對事情的看法，就會陸續說出來，可以知道對方的感受與想法。」徐重仁說。

§轉換氣氛的生活儀式

最常講什麼話題？「都是一些瑣事啦，」徐重仁說，「會找些生活上的事情來談。我會把最近去演講時的心得，或是遇到了誰、談些什麼跟太太說；太太也會把跟誰聊些什麼，或是對兒子擔心的事講出來。」

原本在統一集團任職的大兒子徐安昇，決定自行創業開設「麻膳堂」餐廳去賣拉麵時，太太曾擔心不已。儘管徐安昇把未來的發展都規畫清楚，也告知父母，做媽媽的仍唯恐兒子局面玩得太大、扛不下來，放不了心。知道太太的擔心，「我就利用散步的時候，每一次講一點，用分段式的方法分析給她聽，太太慢慢的接受兒子創業，也鼓勵他全力衝刺，」徐重仁回憶。類似的擔心，在每次騎車、散步過程中，利用持續性的溝通而放下；對一些人或一些事莫須有的心結，也透過溝通獲得紓解。

早年，統一超員工來台北出差，為了節省開支，都跑到徐重仁家過夜，與他們夫妻建立如同兄弟姊妹般的家人情感；難過時，向徐重仁的太太吐苦水，有開心的事，也都會向她報告，這些也都是散步時的話題。

他的完成

排除公務上的萬難，7年來與妻子或散步、或騎車，履行每天清晨的「約會」，夫妻情感更緊密。

與其說運動是為了健康，對徐重仁夫婦來說，溝通帶來的價值，遠甚於鍛鍊身體。「我運動是為了『氣氛轉換』，散步、騎腳踏車讓生活與視野不再局限於工作，看看雲彩、風景，心情轉換後，工作時的精神、效率更高，思維也不會局限在某一個點上，有不少意外收穫。」

§看盡人生風景之後

在跟太太騎腳踏車與散步中，徐重仁已經找到私房路線。騎腳踏車時，他們最常在雙溪河道、淡水河、基隆河畔騎車，每天騎一個小時，可以騎二十公里，算起來，每個禮拜騎車的距離，可從台北騎到新竹，運動量十足。

他們還會在特定的店家前暫停，享用早餐；一邊吃著可口的早餐，一邊遠眺河岸美景，即使有煩惱，也都會放下。

散步時，他們就會從住家天母附近走到故宮博物院，都有很足夠的運動量。

「你看，前面有一個藍色、一個紅色的貨櫃屋，你會看到什麼？」徐重仁指著前方的貨櫃屋，當場出考題。「一般人看到的是兩個貨櫃屋，我看到兩個貨櫃屋的中間點，」他說出其中差異。

他騎著腳踏車奔馳在路上時，眼睛如同照相的鏡頭般，不斷的「喀嚓」、「喀嚓」，把美麗的照片，直接刻印在腦中。

「人生就像坐火車，一站一站，每一站看到的景色都不一樣。」這是徐重仁最常提到的一段話，他看盡火車外的風景，回過頭來，更加珍惜太太。

徐重仁曾感性的寫過一段話，來表達太太對他的重要：「我的太太在我身邊所給予的貼心扶持，始終是我向前看見遠方的極大憑藉……，擁有她的生活，一直是我人生中極大的幸福。」

清晨的約定，讓徐重仁跟太太的感情緊密，內斂的感情，不輕易出口的感性話語，也因為散步溝通、打開心房，願意說給另一半聽。

徐重仁　小檔案

一九四八年生，日本早稻田大學商學研究所碩士。曾任統一超商總經理及統一集團多家公司董事長，將統一超商從連續虧損七年到成為台灣第一大零售業，被譽為「台灣流通業界教父」。二〇一二年退休，現為商業發展研究院董事長。

炒菜前先把鍋子刷到雪亮

中餐廚師位階不如西餐廚師？阿基師卻是從當學徒以來，就立志把廚師做到讓人瞧得起。

福容大飯店台北店，位在一樓自助餐的廚房，下午四點多，廚師把剛炸好的蝦子從油鍋中撈起，放在不鏽鋼盤中。一位主廚立即抽出放置在左手臂口袋中的塑膠刀叉，切下一小塊蝦肉放進嘴中，試一下油炸過後的嫩度。「炸了蝦子的油都怎麼處理？」廚師回答：「倒掉。」主廚說：「放兩顆洋蔥下去炸，蝦子的腥味全被洋蔥吸附，油還可以再利用。」

前一天晚上，在飯店樓上的總統套房，福容飯店董事長吳寶田低調的宴請賓客，其中一位貴賓，是前國民黨主席連戰。這一天，吳寶田準備了魚身寬度約一個拳頭大的鱸鰻當主菜，還指名要厚切處理。鱸鰻要料理得好，不容易；要處理成跟七分熟牛排一樣的軟嫩，更難。吃遍全球美食的連戰，對這道菜讚不絕口，第二天仍回味不已。

阿基師（鄭衍基）能有今天的演出，跟他自己立下的三個約定有關：不愧對老闆、不虧待消費者、不愧對職場的專業，每一次的表現，總是力求完美、確實到位，持續堅持跟自己的約定，讓廚師在社會的形象提升。蔣經國、李登輝、陳水扁三位前後任總統，都請他到官邸燒菜擺宴，他更常出入國內政商名流家中或招待會所。

§ 乾淨是廚師的尊嚴

阿基師每一次站出來，都是身穿洗燙乾淨的雪白廚師服，戴著主廚帽，以親切微笑向在座每位賓客打招呼。走回廚房的他，變身成「吹毛求疵」、讓廚師敬畏的主管，他對「乾淨」的要求，到了一絲不苟的地步。乾淨，是源自於阿基師十五歲時第一天到台北的廣州飯店當學徒以來，維持四十四年的習慣與自我要求，也是自己對這份工作的約定。

廚師的菜是要讓客人吃進嘴巴、吃進肚子，而早年廚師這個行業被人看不起，一身油膩的工作服、廚房內部的髒亂是重要因素；阿基師一直希望自己能帶頭，讓廚師這個行業讓人瞧得起，這個約定背後的精神就一直跟隨著他，貫徹到每一個細節。

而阿基師口中的乾淨，是要求水溝乾淨、制服乾淨、鍋具乾淨，以及食材要充分用完。這些看似細枝末節，難度是必須日復一日執行，少了這道程序，如同少林寺少了每天例行性的練拳，打出的拳，力道就不夠扎實。

「我一進廚房，不是看菜做得好不好，而是看水溝、地板乾不乾淨，」阿基師說，「一間餐廳、一家飯店有沒有用心經營，看水溝就知道。水溝乾淨，清潔衛生就會做到位，冷藏庫、冷凍庫，甚至食材、擺盤都會跟著做到位，」他從小地方觀察，只要細節願意花時間照顧，大地方自然也不會放過。

不僅水溝乾淨，制服也要乾淨。如同人的外表一般，不必穿名牌服飾，但只要打扮得乾淨，看了就舒服、得體；餐廳乾淨，就容易凸顯餐飲的內在實力。阿基師對廚師制服嚴格要求，只要發現制服沒洗好、燙好，就會退回重洗。「制服代表一間餐廳的管理，」他說，「制服不乾淨，表示廚師做菜時對乾淨、炒菜程序標準的要求，也不會太高，這樣的餐食怎麼能放心吃？」

連廚師的牙齒乾不乾淨，都列在阿基師的考核項目中。曾經有人應徵廚師工作，對方一開口講話，阿基師當場就跟他說謝謝再聯絡。原來那位應徵者滿嘴的咖啡色和紅色牙垢，「代表他菸抽得很兇、還吃檳榔，」阿基師敏銳的觀察到。

「要當一個好廚師，要有好的味蕾，」阿基師說，有靈敏的味蕾，才能

他的約定	跟自己立下3個約定：不愧對老闆、不虧待消費者、不愧對專業。 希望自己能帶頭，讓廚師這個行業讓人瞧得起。

做出消費者需要的口味，菸、酒、檳榔樣樣來，味蕾的敏銳度下降，做出來的料理，味道也會不夠精準。

乾淨無所不在，反映了阿基師對自我要求和約定的貫徹，不僅對人嚴格要求，連沒有生命的廚具也不放過。阿基師下廚時，第一件事不是炒菜，而是開始洗鍋，先把炒菜要使用的炒鍋、瓢杓，刷洗到雪亮，還要用開水燙過；杓子的木質把手，也一樣燙到手感舒潤為止。做菜，對阿基師而言，是一項慎重的儀式，必須尊重每一項器具，才能做出完美的菜餚。

從做菜中體會做人的道理，阿基師有套「老二哲學」，永遠退居幕後、不居功。唯一一次的「臭屁」，是他在二〇一〇年三月到福容飯店擔任行政總主廚時，曾發下豪語，希望有朝一日把全省擁有十三家餐廳的福容飯店集團，塑造成餐飲業的台積電，「持續把事情做到位，讓顧客滿意，」這是阿基師跟自己訂下的新約定。

阿基師　小檔案

本名鄭衍基，一九五四年生，成淵國中畢。曾任蔣經國、李登輝、陳水扁總統官邸御廚，國賓飯店行政總主廚，現為福容大飯店旅館事業處行政總主廚。

他的完成

要求廚房的水溝乾淨、制服乾淨、鍋具乾淨，廚師的牙齒也要乾淨，食材要充分用完。44年如一日，如今成為國宴名廚。

實現承諾就是在累積自信

《終結拖延症》（*Overcoming Procrastination*）書籍作者之一克瑙斯（Bill Knaus）指出，練習自我勝任感，能幫助你實踐約定。相信你自己可以組織、協調、控制自己的想法、情緒、行動，以便達成目標，這種信念就像一種自我實現預言。如果你相信你正在控制自己的行為，你便賦予自己權力。

反過來看，持續無法履約終將對自己造成傷害。美國臨床社工師萊因斯坦（David A. Reinstein）指出，對自己食言造成的心理傷害是「不再覺得自己可以信任」，有損自我價值感、自尊心，甚至導致憂鬱症。

約定是要求自己執行希望、突破舒適圈，所以執行力很重要。「對自己的約定像是小探險，而生命要多探險，才會累積自信；真正的冒險就是盡力去做，」精神科醫師王浩威說。

要達到跟自己的約定，需要解決問題的能力、不放棄的毅力和動機，三者缺一不可；這些抽象的原理原則，可從三方面落實成為具體可行的計畫：

1 使用「我不……」而非「我不能……」

定對目標是履約的基本功，從怎麼想就要開始注意。

你如何陳述自己的願望也很重要。根據休士頓大學副教授派翠克（Vanessa

M. Patrick）和波士頓學院助理教授海格貝（Henrik Hagtvedt）在《消費者研究》期刊上發表的研究，當你對自己或他人訴說有關渴望的行為時，使用「我不……」的自我意願表述，而非「我不能……」否定自我能力的陳述，會增加堅持到底的可能性，更像是個人選擇、決斷力的職責。

2 「夏天前減掉三公斤」比「減重」來得明確

如果目標不明確，代表決心也很模糊。《改變吧！三十七個改變習慣的秘訣》作者塞利格（Meg Selig）指出，明確的志向應符合SMART原則：特定的、可量化的、行動導向的、實際可行的、有時間限制的（Specific, Measurable, Action-oriented, Realistic, Time-based）。例如，「減重」不是明確的目標，「在夏天來臨前，減掉三公斤，輕鬆穿上某條牛仔褲」才是。

對目標也必須定出適當的期望值，一個重達百公斤的人答應自己三個月內要減掉六十公斤，這樣的約定當然很容易失敗；設定小一點的目標，讓你的決心更容易達成。

3 昭告天下，讓眾人督促你

賓州斯克蘭頓大學心理學教授諾克羅斯（John Norcross）表示，公開宣示你的目標，讓你負責任；公開的承諾比私下的決定更容易成功。公開有兩個好處，一是告訴自己正視這個約定；二則昭告天下，朋友會監督你。網路時代，昭告天下的最佳管道莫過於臉書。就曾有一群臉友在臉書上發起「自我ＫＰＩ」活動，每個人在年底時定下隔年跟自我的約定，有減重、學肚皮舞、每週限搭小黃一次、找到男友、力邀已婚同學聚會等等；如果一個人行動力不足，也會拉朋友一起參與，有伴同行便容易對自己守約。現在，她們相約每週在臉書上公布進度，就連聚會時檢視ＫＰＩ也成為必聊的話題。

俗話說，「心急吃不了熱湯圓」，每天都是新的一天，今天沒有遵守約定，沒關係，每天都有機會再試一遍。重要的是，不要放棄嘗試；當你跌倒時，開心一點，自嘲一下，不要讓一點挫折阻擋你履行跟自己的約定。

台灣奧美廣告董事總經理唐心慧

與兒子交換一千個故事

從事廣告業的唐心慧，面對下班時間不固定，以及回家太晚的難題，把握片刻時間做最重要的事，取得工作與親情平衡。

如果，你任職於上下班時間不穩定，往往在下午開工，半夜收工的廣告業，就代表你不可能好好經營工作以外的時間嗎？

在三十五歲，打破奧美廣告台灣區紀錄，以最年輕之姿成為董事總經理的唐心慧並不這樣想。她就任總座三年期間，台灣廣告業正值蕭條之刻，當其他廣告業者紛紛倒閉時，業界每年整體營收下降兩成，單年台灣奧美卻逆勢成長兩位數，連續三年榮獲《廣告》雜誌頒發的「年度最佳風雲代理商」。

唐心慧下班後做的事情很簡單，她每天花二十分鐘與孩子說故事、聊天，然後因此得到領導統御中最難的一課——從同理心建立柔性管理學。

她原本也跟多數女強人一樣，每天忙到根本沒有工作以外的時間。直到一個耶誕夜前夕，因為一個重大比稿，她必須留在公司加班。逼近午夜十二點，還在公司的她，接到從夢中驚醒兒子的電話。

電話裡的孩子不吵不鬧，只是說：「媽媽為什麼你還不回來？」當時處於身心俱疲臨界點的她，淚水已在眼眶中打轉。這是唐心慧的工作形態，一般白領早上九點上班，廣告業可能下午才開工，工作到晚上十點是常態，加班到半夜屢見不鮮。她要準時下班，根本不可能，即便一般人可以做到的，在孩子八點睡前用十五分鐘說談心事，也難達成。

§二十分鐘車程上的交流

她沒有能力改變行業內的工作軸線，但她選擇反轉「下班」定義，將工作外的「換軌」模式——親子陪伴，轉成「早上」。

每天，早上六點一定會起床，幫小孩準備簡單的早餐，然後帶著兒子Eason出門上學。從故宮附近的家，到美國學校車程，短短的二十分鐘、一方車內，就是母子倆固定的說故事時間。這一段時間，她不接手機，有時是兒子說故事，有時是她說故事，內容一定是每天Eason必讀的兩本課外讀物。

前十分鐘，唐心慧會先講述選擇故事的原因，然後開始講。她坦言，迥異一般父母習慣用童音講故事，從Eason很小時，兩人就用大人語氣對話，包

她的約定	每天早上利用送兒子上學的車程，陪孩子講故事。

括說故事，「這也是提早訓練獨立思考的模式，」她說。

藉由說故事，創造彼此心流經驗，及進行機會教育。以Eason剛讀完的《*The Big Balloon Race*》為例，故事女主角因一個疏忽，不應該往東，卻偏往東走，結果造成家人離散悲劇。說完故事後，唐心慧還會進行機會教育，提醒就讀小三的兒子做事情要謹慎。

剩下五分鐘，交流兩人白天的「工作狀況」。這個時段，也讓她知道兒子參加足球隊，從守門爭取到前鋒，也了解兒子班級人際關係，甚至清楚他最近迷上的韓國歌手PSY，一點也沒有缺席到。截至目前為止，九歲的Eason也讀和聽了上千本的故事；而他也清楚媽媽是一位廣告業主管，這麼忙的原因。

看起來，是Eason有了媽媽說故事的陪伴，其實，唐心慧獲得更多。

§ 勾出柔性管理同理心

Eason像一面鏡子，讓她看見自己的莽撞與尖銳。記得有次在車上聽見，Eason脫口而出學會的第一個英文字是「stupid」，她感到震驚。但先生跟她說：「平常妳說話方式就是這樣。」唐心慧坦承，自己個性衝又直，開會時，左一句「stupid」、右一句「還有沒有別的想法啊！」是家常便飯，完全

她的完成

每天在車上花20分鐘與孩子交換說故事、聊天，
也從兒子身上學到以同理心建立柔性管理的技巧。

不管其他人感受。

從小是資優生的她說，自己對第一、完美有莫名的偏執，「如果沒出國，我是那種沒考上北一女就會去自殺的人，」她自剖。

完美主義的性格，也讓她在三十五歲時，就晉升到台灣區總座之位，「一路以來，我的世界只有我自己，只要確認目標就要達到，很少想到別人。是生了Eason，長時間跟他對話過程中，勾引出我柔軟的一面，現在想事情會三思而後行，會替別人想一點，」唐心慧說。

「有了Eason後，下命令時溫柔沉穩，不再像過去那麼衝動與衝撞，」一位跟著唐心慧多年的同事也有相同觀察。在廣告業，比稿耗費人力與時間所費不貲，廣告經費動輒三百萬到千萬，人員編組四到五人，為了讓專案有效率，唐心慧緊抓細節，過去只要遇到一個小問題，她立即的反應是：「錯在哪裡？為什麼想不到？」不會去了解團隊出問題背後原因，因為結果是一切。

但，兒子讓她看到另一種可能性，當同事工作出了狀況，她開始會多問一句：「是什麼原因造成的？」僅僅一句、換位思考的同理心，反而讓這位年輕坐大位的總經理，在產業低迷下，帶領台灣奧美挺過景氣低迷，還西進大陸，人員維持在一百五十人，而沒有流失。

《搞定你小孩》作者史坦堡（Laurence Steinberg）在書中闡述：「『優質

時間』或『親子時光』，不是花多少時間與子女相處，而是你們在一起做了什麼。」沒時間的唐心慧正是他的信徒。

堅持每天早晨六點起床送兒子上學，七年來，生病外，沒一天缺席。這有多難？「常常回到家是半夜一點，有時真的很累，還要六點起床，」沒想過請先生代勞嗎？「這是跟兒子每天相處最精華時間，我必須有恆心毅力去經營它，也是我對兒子的commitment（承諾），」她進一步解釋：「我沒時間做到下班後的一百分媽媽，但在那二十分鐘，我會盡全力做到一百分。」

一天的早上，望著當時躺在床上兩歲大的Eason，恰巧他睜眼回望唐心慧。「He looks up to me, not looks down me.」這一刻，孩子單純往上看的眼神，讓她深深覺得「自己要成為更好的人，要成為兒子榜樣，」也或許是這一刻，讓她堅持再忙，都要找時間「換軌」，用說故事維繫親子關係，七年不輟的動力吧！

■唐心慧　小檔案

一九七四年生，紐約大學行銷管理系畢，一九九五年加入奧美廣告，從小AE一路成為最年經的董事總經理。

台灣首位波隆那插畫展首獎得主鄒駿昇

三千張人頭素描的磨練

他曾經打敗全球兩千多件作品，成為首位獲得波隆那插畫展首獎的台灣人，這卻是因為受到打壓，另找方法肯定自己的成果。

二〇一一年義大利波隆那插畫展首獎，落在插畫家鄒駿昇身上，成為有史以來首位台灣得主。然而，在念大學之前，他一路被教育體制下的標準所「打敗」，一路沒有自信，一路茫然，不知道自己的明天在哪裡。唯有畫圖為他帶來成就感，生命中突然出現了光，「只有在畫畫時，我才能真正靜下來。」他說。

從缺乏自信到拿下國際首獎，他靠的是跟自己的約定。他在走上繪畫的路途中，與自己立下了兩個約定：約定每天速寫一百個人頭，讓自己在繪畫的底子上更成熟；約定不斷參加比賽、得獎。他相信，得獎是讓自己被「看見」最快的方式。這也成為他邁向插畫界最高榮耀背後，最有力、永不間斷的動力。

他的約定	在英國求學時，自我要求每天速寫100個不同的人頭像，連續30天，且要畫出不一樣的風情。

進入英國皇家藝術學院修設計碩士，是他生命重要的轉折點。當時不但處於時間、學費和競爭的壓力，更惱人的是，主科插畫的老師偏愛素人風，偏偏鄒駿昇的作品完整度高、技巧成熟；上課時老師把學生的畫貼在牆上開放討論，但每次只要輪到他的畫時便反應冷淡，甚至被批評「愛炫耀、沒想法」。

「我很痛苦，被老師不認同很『賭爛』，但同學提醒我，老師說的只是參考，他是他，但我不是這樣啊，我幹嘛那麼在意？」鄒駿昇說，「我要用別的方式來證明，不然我就被擊垮了。」

§ 要讓自己被看見

為了擺脫學習環境帶來的負面情緒，他跟自己約定：每天速寫一百個不同的人頭像，連續三十天。十個人頭也許要畫出差異性不難，一百顆人頭，有長髮、短髮，有黑人的鬈髮，有人留龐客頭，要畫出不一樣的風情，高難度的挑戰，讓他進入另一個繪畫的境界。

一開始他以為只要每天在工作室裡憑想像畫三十天就ＯＫ，沒想到才過十天，想像力乾涸了，迫使鄒駿昇走出工作室，鼓起勇氣詢問「Can I take a photo for you?（可以讓我拍張照片嗎？）」結果因為有了觀察重點，逐漸忽

他的完成｜高難度的挑戰讓他進入另一個繪畫境界，在過程中考驗耐性並自我探索。最終磨出5年23個獎項實力，包括獲得波隆那插畫展首獎最高榮耀。

視自身的孤單，無形中讓他更融入這個環境。三十天後，他進一步從原本畫人的正面衍生畫後腦勺的想法，他畫得又細、又慢，用來考驗耐性並自我探索。

「面對正面，我們會被人種、美醜等條件制約，但是不看正面看背面，反而能夠自由想像，逼近事物的核心，」鄒駿昇解釋。這是他第一個有深度觀點的作品，並贏得全校插畫比賽第一名。

有一年，鄒駿昇學期中間回台灣省親，回倫敦時父親單獨開貨車載他去機場。路上，他突然問父親一個很瞎的問題：「你有沒有夢想？」鄒駿昇的父親是生性保守的客家人，工廠做粗工的，與「夢想」二字扯不上邊的形象。父親說，他的夢想就是賺錢把孩子養大。這件事讓他了解，得先養活自己才能談崇高的夢想。

為了兼顧麵包與理想，他到倫敦第二年，便決定參加比賽讓自己浮上檯面。他跟自己訂下第二個約定：持續參加比賽到被看見為止；他的邏輯很簡單，一次入圍看不見，兩次沒看見，三次、五次、十次總會被注意到了吧？○七年開始，鄒駿昇投稿參加三十次各種國內外和校際比賽，連續五年內，鄒駿昇拿下包含設計、插畫、繪畫共二十三個獎項，其中○八年、一○年入圍兩次波隆那插畫展，第三次便拿下首獎，登上國際舞台。

二○一二年，鄒駿昇應邀為波隆那基金會繪製繪本《勇敢的小錫兵》，同年底中文譯本在台灣上市，敘述一個獨腳錫兵在都會叢林裡歷經波折，最終仍能回家、與所愛相守一生，與鄒駿昇內心對家的渴望互相呼應；「希望我爸也會喜歡，」鄒駿昇說。

有沒有跟自己新的約定？

「如果永遠只被記得是首獎得主，沒有新作品，那不是很慘嗎？」鄒駿昇說，「所以我的新約定是：每年在國際市場出一本繪本，獲得國際市場肯定。」

鄒駿昇　小檔案

一九七八年生，畢業於英國皇家藝術學院視覺傳達藝術設計研究所，曾任國小老師，現為吉日設計創意總監。

八個技巧，幫你達成約定

* 約定目標須對你有意義、可量化、在你能力範圍內。
* 練習自我勝任感：「我不能改變這個世界，但或許我可以改變自己的世界！」
* 經常犒賞自己，在里程碑之間，慶祝每一小段成功，別等到最終達成才慶祝。
* 不要對自己太嚴苛；當你跌倒時，自嘲一下，別讓一點挫折阻擋你完成心願。
* 尋求社會支持；找同好一起固定運動，或定期向一位負責任的親友報告減肥進度，讓你更有動機付諸行動。
* 把約定拆解成更小步驟，或者設定小一點的目標。
* 逆向思考，例如，你想減少壓力，就要學會放鬆。
* 給自己二十一天連續實行，就能養成習慣。

老爺大酒店集團執行長沈方正

工作空檔四處嘗美食

身處於無法朝九晚五過生活的服務業，就代表你不能掌握下班之後的生活嗎？老爺大酒店集團執行長沈方正並不認為如此。

飯店業是一週七天、一天二十四小時的產業，沈方正身為集團執行長與礁溪老爺大酒店總經理，很難真正有所謂的下班時間。但，他卻總是精神飽滿、充滿活力，飯店同業都認為他「看起來很easy」，可以說是飯店界「最快樂的執行長」。

他選擇的方式就是，自己定義「下班」時間。他珍惜所有的零碎時間，把它拿來做自己最喜歡的事情：吃小吃。常常，早上七點就上班，接連開完兩個會以後，已經接近中午時分，沈方正完全不考慮飯店裡方便又美味的餐點，一股腦的跳上車子，開了四十分鐘的車，來到一家不起眼的小麵攤，十幾分鐘吃完一碗麵，再回到飯店上班。

只要在會與會之間，或到某地演講、公出時的空檔，他就會自行切換到

「下班」狀態。平時就會蒐集各地小吃名單的他，遇到朋友或是客人，會請他們推薦在地的小吃，目前手機裡有近兩百筆名單，吃過就刪掉，再不斷新增。這個習慣維持了超過十年。他說，如果平時沒有準備，突然有空檔時間，就會不知道要做什麼，平白讓時間流失，所以他隨時準備好名單。

看起來，這樣的下班活動好像只是填飽肚子兼休息，但，這卻是他能夠把礁溪老爺經營出品牌，成為管理九家飯店的集團執行長的重要後盾。

§了解小吃背後的故事

沈方正認為，吃小吃是一種另類的文化人類學，也是一種很好的社會觀察，包括小吃本身的歷史、地方物產、老闆的家族傳承、地方生活形態變化等等，藉此培養觀察力，接著就會想要去研究，在了解之後想像力就更豐富，同時也有了感受力，可以看得比別人更深入。

舉例來說，他很喜歡宜蘭一家炸醬麵店，這一家麵店料好實在，且小碗的分量比台北大碗還大。有時他會帶從台北來的朋友去吃，但是，一般台北人看到的第一反應就是，「這麼大碗我怎麼吃得完！」「賣這麼便宜，老闆頭腦有問題！」他們還沒吃之前就開始一直嫌。

但沈方正會去想「為什麼會這樣？」然後去問才發現，原來這家店開了

他的約定	利用零碎時間，做自己最喜歡的事：吃小吃； 平常就請人推薦小吃名單，記在手機裡。

四十多年，以前宜蘭在地人是把炸醬麵當早餐吃，為了要讓勞動的人吃飽，所以分量大，然而賣了三、四十年分量都一樣，表示他們的精神和味道四十年來也沒變，「如果了解到這點，應該要很感謝才對。但若沒有了解背後這段故事，這碗麵就只有四十元的價值而已，吃完就結束。」

沈方正認為，看任何事物前，要先放棄原有價值觀或成見，「去想想為何會這樣？這裡面就有很多很好玩的！」就是憑著這種精神，讓他在每日繁複的工作中，能永遠保持活力，因為吃小吃不僅填飽肚子，也是他的精神食糧，讓他培養「對生活有感」的能力。

「這個東西不會直接轉換到工作運用，可能是在多年以後，透過一些細節，轉化出來。」沈方正說。

這樣的感受力，讓他在經營飯店上，做出獨特的差異性，例如，礁溪老爺常結合在地文化辦活動，如與宜蘭五結鄉農會合作，在飯店景觀區種植水稻。或是知本老爺讓客人體驗原住民麻糬製作等。

他認為，飯店如果沒有獨特性、沒有情感連結，消費完價值就沒有了，很難有競爭力。而且，新飯店會一直開，越來越豪華，如果要那樣競爭，永遠比不過人家，「但如果可讓人分享到屬於該地方不同的生活形態和價值，人家就會對你有不同看法和認定。」他說，服務業比到後來就是這個。

這兩、三年，升任執行長以來，越加忙碌的他，自己的時間越來越少，

他的完成

10年多來，每週至少1至2次，不止嘗美食，更探求小吃背後的故事；
藉此培養「對生活有感」的能力。

讓他更覺得抽時間吃小吃的必要，「現代人都是快速、消費導向，常會變得無感。但，對生活有感非常重要。」這也是讓他持續走下去的重要力量！

沈方正　小檔案

一九六四年生，政大阿拉伯語文系畢。曾任來來飯店主管，現為老爺大酒店集團執行長、礁溪老爺大酒店總經理。

星展銀行台灣區總經理陳亮丞

二十五年來每週運動三天

只要想做，忙碌就不是藉口；星展銀行台灣區總座陳亮丞，二十五年來保持一週運動三次的自我約定，如今，也成了他寶貴的沉思時間。

陳亮丞，外商星展銀行台灣區總座。在他秘書電腦的行事曆中，星期一到星期五，從早晨八點半到晚上七點半，一週超過四十個會議、演講、到政府機關報告或拜訪，偶爾還要飛到新加坡總部開會，密密麻麻的行程填滿了他的白天。

但，馬不停蹄的他，下班後還能維持一星期至少三次、每次約四十分鐘到一個小時的跑步、游泳。一週三次的「夜晚之約」，他已經維持超過二十五年。除非生病，他沒一次缺席，包括外地出差也會到飯店游泳池游一次，才睡得著。

曾任職外商花旗銀行二十六年、大眾銀行總座，二〇〇八年中，接下星展銀行台灣開疆闢土重責的他坦言，「金融業沒有上下班的界線。」但，堅持下班後游泳，是他思緒切換的緩衝區，也是工作動力來源。

每次約游泳四十分鐘，理由是，超過十五分鐘以上的運動，才能真正達到心肺張弛功能；而他游的是蛙式，除了較符合人體工學，還能修練上半身體型。但更重要的是，那一段浮沉在水底下的世界，是他難得可以長思考的時間，「也是練專注力的時光，」他說。

「游泳的姿勢很固定，所以可以集中注意力，也不會有人吵你、也不會分心。重大決策隔一天想一次，越想邏輯也越清楚。而水中思考就像上台前的預演，別人看不見，但實際上場時，卻因已在水下梳理好幾次，而能有條不紊。這是一個組織自我最好的時候，」陳亮丞自剖。

§ 水下獨處更能專注思考

通常，他會利用這段「空白」，思考重大決策。他表示，剛到星展銀行時，恰逢購併寶華銀行，要推動新舊銀行整合，或者人才部門的調整等，許多重要營運系統導入和財務策略，或者公開演講內容，甚至今年年度預算計畫，都是在靜默的四十分鐘水底世界中，慢慢梳理清楚。

「雖然去年業績和客戶質量進步，但用去年進步的力量衝刺今年，顯然不夠，更需要一段獨處時間，思考清楚結構性的改變，如何讓衝擊最小化，

他的約定	壓力和休閒可以並存，自我約定下班後一星期至少3次、每次約40分鐘到1個小時的跑步、游泳。

要衝出效率，很多事情值得去思考的，」他說。

只是，運動是一件重複又無聊的事情，要如何堅持？「有時也會想我怎麼這麼笨，又來游了！」陳亮丞調侃自己說，游泳也會有撞牆期，但一邊想著公司決策，就不會一直留意「一公里游到了嗎？」或者「四十分鐘到了嗎？」等望著終點的焦慮感。

心理學研究證實，當人離目標越接近時，力量特別強；離開越遠，力量越弱。因此，當把目標變成數個階段的小目標時，才會產生「再努力一下，就快要達到了」的動力，這也是陳亮丞克服游泳長度撞牆的模式。

因為他所住信義之星的游泳池，長約二十五公尺，要游到一公里，約四十趟，他就與自己約定，單數圈到岸拍右手，雙數圈拍左手。一方面增加運動的趣味感，一方面管理進度，習慣就會成自然。「透過重複演練，讓動作自然內化，就不必費神注意，」他解釋。

陳亮丞說，水下獨處建立專注思考力，把碎片般思緒整合起來外，游泳後人更清醒，反會讓睡眠少而有品質。平常，他多半在看了國外股市開盤或者美國職棒大聯盟轉播後，約凌晨十二點到一點左右睡，早上六點起床。比一般人睡八個小時，硬是少了兩個小時，卻睡得更好。

陳亮丞並沒有刻意營造上下班的「換軌」，堅持不輟反而讓白天和夜晚一樣精彩。二〇〇八年中，接手星展台灣區總座，完成寶華銀行整併作業，

他的完成

25年不中斷執行，利用游泳獨處的時間，更能專注思考公司重要決策；睡眠因此減少，睡眠品質卻更好。

發揮營運與後端整合之效，隔年即獲利。台灣區成長速度之快，也讓星展集團控股公司暨星展銀行主席佘林發（Peter Seah）及執行總裁高博德（Piyush Gupta），二〇一二年年初專程由新加坡來台，參加該行位於信義區總部設立的開幕典禮。

「自在快活」是陳亮丞的人生哲學，也反映在他工作時間的切分上。「管理學上，有一個『彼得定律』，意指在一個組織體系裡，所有成員最後晉升到超乎其能勝任職務的傾向。但二十年來，我還是Jerry（陳亮丞英文名），而不是彼得。要有足夠能力，讓自己有選擇的空間，最終才不會變成累死在沙灘的彼得。」

他進一步解釋：「現今社會工作形態永遠是一件接著一件來，ON／OFF的切換來自心態，工作專注才有效率，人才會自在，才會進入正循環。我始終相信壓力和休閒是可以並存的，」陳亮丞強調。

■ **陳亮丞　小檔案**

一九五一年生，交通大學管理科學研究所碩士。曾任職花旗銀行近二十六年，二〇〇四年被大眾銀行延攬為總經理，成功為其引進凱雷私募股權基金；二〇〇八年出任星展銀行董事總經理兼台灣區總經理。

晶華酒店集團董事長潘思亮

十六年晚餐約定

自己經營飯店業，潘思亮每週卻至少有一半時間要回家吃晚飯，只為了不想讓等在家裡的妻子和孩子失望。

二〇一三年一月三日，國家音樂廳的新年音樂會現場。

指揮祖賓・梅塔（Zubin Mehta）正領著全場爆滿的觀眾跟著小約翰・史特勞斯（Johann Baptist Strauss）的圓舞曲打拍子，進入新年音樂會的高潮。高漲的情緒，讓前方貴賓席中間兩個空位顯得特別突兀，缺席的是晶華酒店集團董事長潘思亮。

音樂會前一週，潘思亮才用「非去不可」形容今年的新年音樂會，為什麼臨時缺席？

因為他到上海與太太、小孩度假，結果外食太油膩，腸胃微恙，只好在家休養，與音樂會失之交臂；「我習慣吃家裡，四、五天在外面吃就不行，你看出問題了吧？」潘思亮笑著說。

潘思亮的大女兒今年十六歲，從女兒出生那年起，他便暗暗跟自己許下約定：每週有一半時間回家吃晚飯；時光荏苒，十六年眨眼即逝。「再過兩、三年，小孩子到美國讀書，我就可以解約了；時間過得真快……。」潘思亮頗為不捨。

§ 為家人而守約

看似平凡的約定，背後其實是段血淚交織的故事。

潘思亮三十歲那年，陪太太回美國待產。按照美國人的規矩，先生不能在產房外面等，要進產房陪太太生產，他與母親一同進產房陪產。「其實一直到進產房後，我心裡都很抗拒，因為用想的就很恐怖，會害怕，都是血嘛！」潘思亮說。

由於是第一胎，老婆陣痛劇烈，潘思亮無助的只能緊握老婆的手，簡直比黑夜更漫長。女兒啼哭著誕生人世，醫生把剪刀遞給潘思亮，示意要他剪斷臍帶。當時滿室都是血腥味，女兒身上布滿黏稠的分泌物和血液，潘思亮興奮惶恐的迎接女兒來到人世，剪斷臍帶的手微微顫抖。

「媽媽生產時承受極端的痛苦，等於拿刀割肉，可是看到小孩出生的極端快樂，那種人性的一刻，讓我重新認識母愛，真正的感動。」潘思亮說，

他的約定	孩子出生後，每週至少有一半時間回家吃晚飯。

「新生命的出現，比成就一家公司更偉大，簡直是奇蹟。」當晚，潘思亮便決定要有所改變，但究竟要怎麼變，其實還沒個準。

當了媽媽，潘思亮的太太全力投入家庭、照顧小孩，每天親自下廚，謝絕晚上應酬，潘思亮也就隨之減少應酬，調整成每週至少一半時間回家吃飯的不成文約定。除此之外還有兩個延伸的「配套措施」：停打占用家庭週末的高爾夫球，以及亞洲出差盡量當天來回。「尤其大陸，盡量快去快回，待久只是多喝酒傷身體，喝到假酒還落塞（拉肚子）哩！」潘思亮幽自己一默。

剛開始守約，很困難。潘思亮性格開朗、愛交朋友，也愛帶老婆出席社交場合，突然間這些活動停止，扣除非去不可的政府社團，每週至少一半時間他回家吃晚飯，朋友開始抱怨：「這個人怎麼都不太出去吃飯？」「你怎麼那麼難約？」他沒有讓步過，久而久之，朋友知道他的習慣，就少約他；少約，守約就變容易了。

二〇〇〇年，晶華飯店營運陷入低谷，出現財務危機，外傳當時晶華董事長陳由豪將買下潘家股份，將潘家勢力逐出晶華，公司氣氛異常緊張，股價一度掉到二十元以下，事後潘思亮到美國集資，反將晶華買下，上演王子復仇記，沒想到隔年又發生美國九一一事件，〇三年再逢嚴重急性呼吸道症候群（SARS）；無疑是潘思亮人生中最難熬的幾年，這樣仍能守約嗎？

他的完成　持續至今已16年，不受任何公務干擾，應酬也隨之減少；即使出差，若在亞洲也盡量當天來回。

「沒什麼影響，那時候心情沉重，頭髮掉很多。」潘思亮說，「可是回家吃飯有療癒效果，看到小朋友微笑，看到太太，或許只有一秒的接觸，那就值得了。這是一種慰藉。而且據說小孩子會帶財。」

二〇一〇年，潘思亮買下晶華集團後，他跟自己訂下新約：全世界不管哪位業主需要見他，他會在四十八小時內到。截至目前為止，一共在中東、北京和峇里島各發生過一次緊急狀況，他隔天便抵達。

峇里島那次，潘思亮當天來回，遇上去程同一批空中小姐，空姐驚訝的說，「沒有人去峇里島當天來回。」

「因為我不是去度假，是為業主去的。這就是約定啊，約定不是為了要幹嘛，是自己給自己的約定，是將心比心，」潘思亮說，「就像回家吃飯，老婆在家裡帶小孩，準備好豐盛的晚餐，如果你是她的話，會不會期待你回來？」

潘思亮　小檔案

一九六五年生，哥倫比亞大學MBA。曾任瑞士信貸投資銀行分析師、晶華酒店副總裁，現為晶華國際酒店集團董事長。

Part 5 跳脫

暫停，蓄積前進的能量

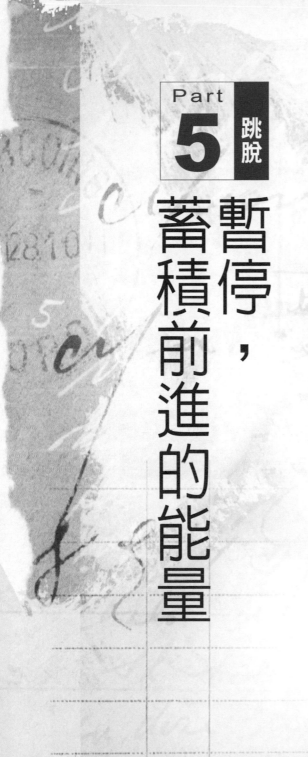

A field that has rested gives a beautiful crop.

(Ovid)

休耕過的田能長出美麗的作物。

～古羅馬詩人　奧維～

台大商研所所長朱文儀

回到大學教室找回初衷

每當工作壓力讓朱文儀覺得需要喘息時，她就會回到當年自己大學上課的教室，坐上幾個小時，當作是尋找內在初衷的儀式行為，這是她能量泉源的原點。

任何時間看到朱文儀，她總是給人一派悠閒感覺，好像剛渡假回來的神態，雖然，她的職銜是最高學府——台灣大學工商管理學系主任暨商研所所長，得擔負起校務行政、學術研究、教學活動，以及回家之後，一對雙胞胎母親等重責。

之所以能在百忙之中，維持從容行動的關鍵，來自她對於時間管理功夫到位，一天的工作計畫，前一天的下班前一刻，就早已列好大綱。

朱文儀習慣前一天就清點出隔天最重要的三件事，家中不裝網路設備的她，傍晚下班關機之後，便不再碰電腦，雖已不處於工作狀態，「但人腦很奇怪，下意識會自動運思你心中想完成的圖像，」她比喻，就像運動員心智上先設定好的目標，上場之後，身體就會努力朝那個目標的方向去。

儘管身兼多重角色，還是最高學府商研所掌門人，朱文儀下班後，卻能畫上休止符，天天和家人一起共進晚餐，前提必定是有絕佳的工作效率，而戒掉手機使用，則是她讓工作效率不打折的秘密。

朱文儀認為，現代人最大的時間殺手，便是時時刻刻都會介入生活的科技產品。例如隨時能上網的智慧型手機，常讓人們隨著突如其來的一通電話、一封郵件或一則即時通訊訊息起舞，打亂了原本進行中的工作，讓人不知不覺便交出時間主導權。

§十年來不用手機

也因此，朱文儀離開辦公室後，便刻意讓自己與網路絕緣，不只家裡沒有裝設網路線，也超過十年不用手機，即便和家人、友人溝通，亦是如此。一天之中，只有剛進辦公室的第一個小時，開啟電子信箱，把需要和外界溝通的時間，統統都壓縮在這一小時內，其他的二十三個小時，則一概不看信、回信。

維持這樣的溝通模式，讓很多人覺得不可思議，認為她一定常漏掉重要訊息。朱文儀接下系主任兼商研所長工作時，同事也打賭，這回她一定逃不過得使用手機，但事實證明，每天的工作還是運作順暢，「我二十四小時內

她的暫停	回到徐州路法學院，當年自己大學上課的教室內坐上幾個小時， 什麼事都不做，只是尋回當年念書時，立志要進入學術界的初衷。

一定回信，從沒有人抱怨找不到我！」

不為氾濫的資訊所役，成為時間的主人，便不會常感心力交瘁，「對大量消耗腦力的工作者來說，有快樂的情緒，也才能激發出好的創意。」她分享。

不依賴便利的科技產品，不犯了動不動就檢查郵件信箱的強迫症，想法固然簡單，但做起來並不容易。其盲點在於，人們常常無法區辨出事情的輕重緩急，以致時間花在瑣碎不重要但緊急的事情，或者，耗費精力在擔心發生機率其實不大的緊急而重要之事。

《與成功有約》作者、管理大師柯維（Stephen R. Covey）曾建議，依重要性與急迫性為坐標，區分並安排一天工作的輕重緩急事項。運用在時間管理上，則是要避免只忙於處理眼前急迫的事情，而屢屢延宕了重要的事情。

身忙心要閒。朱文儀認為，人們有太多時間不是被科技產品打擾，就是憂慮於未必總是出現的緊急要事，因而浪費了精力，但「工作要有效率，就是要能專注當下，下決心阻絕一切可能的打擾」，若不能讓自己處於心閒的狀態，合作和互動的同事或家人，看你忙亂和疲累，也會不自覺產生壓力，便形成了惡性循環的壓力漩渦。

這個過程，其實也是一種修煉，一種內在清明於自己真正想要的是什麼？清楚自己在什麼事情上，願意全心投注精力。

她的前進

因為喚回內在深層的意義感，驅走心力交瘁的感覺，
得到快樂的能量，重新面對一整天的工作。

「沒有意義和目標的付出，最容易讓人心力交瘁，」朱文儀坦言，教職生活雖相對單純，但校務行政、EMBA教學等，各方面的壓力全面襲來，也經常讓她處於瀕臨崩潰的邊緣，這時，她就會從台大公館校區搭公車到徐州路法學院，當年自己大學上課的教室內坐上幾個小時，什麼事都不做，只是尋回當年念書時，立志要進入學術界的初衷。因為喚回內在深層的意義感，快樂的能量也得以再釋放，再回到辦公室後，面對一整天的會議和應付成堆的工作，便會覺得能量飽滿，不再有心力交瘁的感覺。

如同在繁忙的日常工作行程當中，按下暫停鍵，朱文儀把回到大學時代教室，當作是尋找內在初衷的儀式行為，這是她能量泉源的原點。「你的初衷是什麼，只有你自己知道這個故事，得靠自己，才能找到這個原點。」她強調。

朱文儀　小檔案

英國倫敦商學院博士，曾任職於中華汽車、中華開發信託。現為國立台灣大學工商管理學系系主任暨商學研究所所長。

台泥董事長辜成允

和音響玩遊戲

辜成允玩音響的原則是「不要修飾」，直接還原現場音樂，所以小到擺位置、大到換機器都要自己動手，也磨練出解決問題的能力。

台泥董事長辜成允從小就開始「玩音響」，憑他的家庭出身，當然買得起任何名牌音響或最好的套件，但辜成允卻只愛買二手或低階的零件親手組裝！

國小、國中時期，由於家裡只有擺放於客廳的大型收音機，想在睡前聽廣播音樂的辜成允，有次特地買一組小型電晶體收音機套件自行把玩組裝；摸著、試著，沒想到接上電池後竟然會響，「感覺真是難以形容！」

可以如模型般拆拆裝裝，更能從中獲得樂趣，是辜成允日後著迷於音響的一大吸引力。他還記得父母為家裡買的第一套音響，用的還是黑膠唱盤，並伴隨他度過國、高中時期，連念書、做功課的時候，都要跑到客廳和音響為伴。後來，他便想要自己「搞」，於是開始偷偷拆解、組裝這套音響；「因為總是覺得聲音不對，還好父母都不太常聽。」辜成允語帶俏皮的說。

§ 力求原音重現找回感動

除有設備可動手「實驗」，辜成允說，長久以來吸引他往音響世界裡鑽研，另一個重要原因就是「音樂」，而且他特別喜歡「現場」音樂。受父母喜愛京劇的影響，他們不只愛聽還愛唱，因此家裡常有樂團演奏；耳濡目染的辜成允，還曾參加合唱團，因此對現場音樂再熟悉不過了。

「尤其是聽現場的音樂會，當曲目是自己所喜歡、表達的人夠好、環境也對時，會得到一種通體舒暢、雞皮疙瘩、汗毛顫慄的體驗。」因為想讓這份現場的經驗，也能夠在家裡忠實重現的渴望，找回親臨現場的氛圍與感動，造就了辜成允成為音響的「發燒友」。

辜成允說，很多像他一樣強調「還原現場」的音響迷，不斷追求的就是音響所發出來的聲音，與現場音樂接不接近、類不類似；這和另一種將音響視為「創作」形式的揮灑空間，透過調校、改裝來發出自己偏愛的聲音，是完全不同的類型。「如果現場音樂本身不好聽，那就應該不好聽。」他說。

辜成允還記得多年前在音響雜誌中看到一幅四格漫畫，畫中主角好不

他的暫停	買二手或低階零件親手組裝音響。

容易將音響傳出來的破碎雜亂聲音調整至滿意，但到表演現場後，才發現原來的音樂就是破碎雜亂的；「真正狂熱的發燒友，追求的不是音響，而是音樂。」這也是辜成允強調音響是追求音樂的途徑、重建音樂的工具，並透過機器設備協助自己回到現場的重要觀念。

當然，要能讓原音真正重現，就得熟悉什麼才是現場音樂，更要常聽現場音樂才行。辜成允說，其實現場音樂就在生活四周、隨時都有；好比行經地下道時，可能就有人即興表演賣唱，或是教堂裡有人唱詩歌，以及在Pub裡的演奏和音樂會、演唱會等，都是無處不在的現場音樂。相對的，玩音響也不能只了解一種特定的現場，得要聽遍各種不同的現場音樂。

辜成允的唱片、ＣＤ，多是現場音樂表演的錄音，且他什麼類型音樂都聽，甚至有套選擇音樂會的哲學：「找一些票價不是特別貴的音樂會，然後買最好的位置。」因現場錄音時，一定是選在最好地點，因此在好的音樂廳裡、坐最佳位置，才會知道現場會有什麼樣好的聲音，回家後透過音響也才知道什麼聲音才是對的；如果有機會能聽到現場彩排，就更好不過了。

於是，從求學、工作一路下來，音樂與音響就成為辜成允生活中不可缺少的一部分。像是在國外求學時，幾乎每個星期都會進音樂廳，回到住處也有一套音響等著他；回國工作後，還有一陣子因為經常到歐洲出差，到了晚上他就乘機前往參加音樂會，感受現場音樂。直到現在，他也不時會和三五

他的前進

玩音響的過程就是快速且短暫的PDCA過程與循環，公司也可以用不同的方法解決問題。

好友或家人，一起欣賞不同的音樂。

除要「還原現場」外，辜成允說，他玩音響另一個原則是「直線放大」；也就是不經任何修飾，將原本音源用最直接、原始的方法，放大出一定的音量或能量，以最忠實方式回到現場，他更是至今堅持兩聲道的音響玩家之一。

辜成允解釋，用音響播放音樂時，必須考量到最初的錄音方式，如果收音或後製是採用兩聲道的方式，就應該在兩聲道的環境中重現，而不是藉由音響設備將兩聲道分為多聲道，或是製造環繞音效等效果。此外，相較於現代人玩音響大多會與影像結合，像辜成允只純粹玩音響、沒有「畫面」的人也越來越少，因此有不少好友還會說他是個「沒有眼睛」的人。

§ 改裝二手機成就感更高

國內外都有不少音響愛好者，例如「發燒友」一詞，據說就是來自於香港的音響玩家，因為過去缺乏空調，使得每次玩音響時都弄得滿頭大汗、滿臉通紅。其實，像這般玩音響，就如辜成允所說的，根本不需要花什麼錢。

不少人認為，音響器材動輒數千上萬，想玩就得要有花大錢的準備，但辜成允卻說，有些人花一大筆錢買音響、裝最貴的系統，發出的聲音卻很難聽。「買一支兩百萬的筆，不代表能寫出價值兩百萬的文章；買一台全世界最貴的相機，不代表就會變成最偉大的攝影家。」

宰成允以自己為例，從早期買套件組裝，到後來因為時間較少，就直接買機器設備回來改裝，但他絕不買昂貴的頂級機，而是將目標放在二手機，或是頂級機之後的低階版本。這樣不只價格便宜許多、花的成本少，還能買到架構設計良好的經典機型，同時透過自己的雙手讓音響脫胎換骨，「可以改得比原來的聲音更好，不輸給頂級機，不僅有趣，而且成就感奇高無比！」

購買機器外，宰成允還說，很多改裝或調整音響的手法，根本不需花到錢，且器材隨手可得。像有些很貴的喇叭，會在底部墊角錐，這時象棋、小茶杯等，就可派上用場；且隨擺放數量與位置不同，聲音也會不一樣。「人家用三千元買對角錐，我用三個象棋，聲音還比較好聽，這樣很樂啊！」

甚至光是喇叭本身，放在前面、後面、旁邊、中間，或是直著放、橫著放，發出的聲音也都會不同。因此每逢音響展時，宰成允一定不放過，「為了展覽，廠商通常會將機箱打開，所以可以看到許多『訣竅』，可以知道專業人士開發了哪些新材料或新設計，然後再回家自己嘗試，而且可以玩很久。」

所以，「真正的音響友，每天回家一定有『功課』要做。」除了展覽必到，辜成允也經常從音響雜誌中獲取資訊，如過去在國外求學時，堪稱發燒友必看、音響界的兩大專業雜誌《*stereophile*》和《*the absolute sound*》，他幾乎每期都拜讀。

不過，身為音響發燒友，現在走進辜成允辦公室，卻不見任何與音響相關的設備。更讓人難以相信的是，曾長達八年，辜成允過著沒有音響的生活。

§追求完美有多種方法

「九二一地震時，在辦公室裡的一對喇叭摔壞了，後來又遇上公司的業務狀況比較低迷，索性就把所有音響設備打包不玩了，也等於向員工宣示要專心做事。」果真從隔天起，辜成允就不再碰音響；但經由玩音響而形成的態度，卻已經深深的影響他的生活與工作。

辜成允說，在玩音響的過程中，因為會自己動手，小到擺位置、大到換機器，就是從找出問題再下手處理，並運用不同的方法來得到結果，等於是個快速且短暫的P（plan，計畫）、D（do，執行）、C（check，檢查）、A（act，行動）過程與循環，也讓他獲得解決問題的訓練。

此外，「追求現場音樂的感覺是絕對的，如果不達到目標是不會放棄的，這也影響我做事的態度；而且為了解決問題，可以用很多變通、創新的方式。儘管台泥做的是傳統行業，但不論在管理、定位或策略等方面，都可以用不一樣的方法來追求『完美』。」

也因抱持著這份態度，經過這些年來對公司經營的付出也有了成效。直到二〇一一年，辜成允才又將舊有的一些設備拿出來重新整理，逐漸回到過去每天晚上「做功課」的日子，並開始搜尋新的資訊，重拾最愛的興趣，繼續沉浸在美妙的音響世界中。

辜成允　小檔案

一九五四年生，美國賓州大學華頓商學院企業管理碩士，曾任和宇寬頻及和信電訊董事長，現為台灣水泥董事長。

孤帆上的冒險家

潤泰集團總裁尹衍樑

與一般老闆愛打小白球不同，尹衍樑獨鍾冒險活動，就連面臨困難、無人協助，只能靠雙手解決的時刻，也是一種成就與享受。

清晨六點五十分，天微亮、細雨、無風，潤泰集團總裁尹衍樑趿著涼鞋，從船艙走上甲板。他沉默著，將船上所有的救生水、救生圈逐一綁妥。

這天，來自兩岸三地的二十一艘帆船，集結在基隆碧砂漁港，準備參加二〇一〇年五月三十日的第二屆海峽盃帆船賽。十點半，所有帆船揚帆後鳴笛啟航，尹衍樑以雙手對群眾飛吻。參賽帆船將一路橫越台灣海峽，駛抵廈門五緣灣，其中，這艘亞洲最大帆船「大潤發號」，無疑是全場的目光焦點。

這並不是尹衍樑第一次參加帆船賽，先前他曾駕駛自己的第三艘帆船「大鵬號」，兩度參加中日友好親善國際帆船賽。但這次卻是大潤發號二〇〇九年完工交船後，首度參賽的處女秀。

因為大潤發號與其他參賽船隻的級數差距太大（大潤發號長三十四米，其他帆船最大僅十八米），為避免勝之不武，尹衍樑就自我定位為「參加但不競賽」，單純享受航行的樂趣。

台灣國內多數企業界老闆，都選擇高爾夫球做為主要運動，但尹衍樑卻走了一條完全不同的路。

如果不認識他，光看他從事的活動：長泳、潛水、帆船、重機、跑車、滑翔機、直升機等等，會以為他是個「極限運動家」，很難想像他是個掌管數千億元年營收的集團總裁。

§做決策前揚帆孤航

為什麼會選擇這些世俗眼光中「高度危險」的活動？尹衍樑自己的答案是：「我是一隻孤鷹！」

他解釋，這些活動幾乎都只要一個人、最多再加一位幫手就可以完成。他說，「我其實是個很安靜、很靦覥的人，只是因為經營事業和當了老師，必須要說很多話。」

從二十七歲開帆船之後，尹衍樑再也沒打過高爾夫球，「打小白球要好幾個人在一起那麼久，一直講話，很累人。」他喜歡孤獨的運動，從中得到力量與快樂。

諾貝爾文學獎得主、以《流浪者之歌》等著作聞名於世的赫曼・赫塞（Hermann Hesse）說：「我們必須孤獨，全然孤獨，才能退回到自我深處。」英國著名的作家、精神醫學專家安東尼・史脫爾（Anthony Storr），在他所著的《孤獨》一書中，也一再闡述孤獨具有轉化生命的力量，人們透過孤獨與獨處，能帶來人生的成就與幸福。

尹衍樑從二十七、八歲就接觸帆船，至今開帆船的資歷已有三十五年了，是國內最資深、領有執照的老水手。他說，開帆船是超級享受，因為海上很安靜，是最適合沉思的地方。當然，另一個令人無法抗拒的誘惑，是海上美景。

尹衍樑形容，「晴朗的夜裡躺在甲板上，天空就像倒過來的碗，滿天星斗，」日出、日落、月亮從海面升起，每每令他震撼不已。

每一次要做出重大決定之前，尹衍樑都會離群索居幾天，讓心思沉澱、思緒清明後，再做出最後決策。例如十七年前，他思索是否創立大潤發、投入流通事業，決定之前，他駕船出海三天，讓心思完全沉靜，上岸後，他召開內部會議，做出此影響集團發展最深遠的關鍵決策。

他的暫停　一個人駕船出海，從征服大自然的考驗中，得到力量與快樂。

§ 克服危險是最好磨練

除了帆船外，有時他會開著露營車到山上住幾天，或到綠島的小木屋安靜幾日。在全然的孤獨中，尹衍樑一次又一次做出重大決定。

不過從事這些需要高度技巧的活動，有時難免要面對不可測的風險。尹衍樑坦承多年來在進行潛水、帆船、飛機等活動時，至少十餘次面對生死交關的處境。

其中最危急的一次，是二〇〇六年八月二十日，他和一位副駕駛開著動力滑翔機，從花蓮壽豐鄉起飛，返航時引擎突然失去動力，飛機急速墜落後更衝進高壓電網，扯斷電纜後又纏住機身，最後飛機摔落在爛泥中；出乎意料的是兩個人除了被身上扣帶勒出數十條血痕之外，居然沒有其他傷勢。

大難不死的他將這天訂為「重生日」，但也從此不再開飛機了。

尹衍樑說，我和一般人不一樣的地方是，「我（遇到危險）不會畏懼、我選擇面對，」「越危險的時候我越沉靜，就像開帆船，多年來我碰過桅杆斷掉、螺旋槳脫落、引擎炸掉、觸礁、擱淺，甚至被炮打過等各種緊急狀況，但在茫茫大海上，你只能靜下心來，找出辦法，並靠自己的雙手解決。」他認為，這種克服困難的過程，是最好的磨練。

有了超級帆船大潤發號之後，尹衍樑的夢想更遠大了，「現在我最想來

他的前進　在安靜的海上沉澱思緒，回來後都會對公司未來發展做出重大決定。

一趟到阿拉斯加或澳大利亞，長達一、兩個月的壯遊，」「我的船可以從南極開到北極！」

不過，隨集團快速發展，他想要撥出長時間進行壯遊，恐怕不是件容易的事。「我希望能開帆船開到八十歲，所以我有的是時間！」尹衍樑笑著說。

尹衍樑 小檔案

一九五〇年生，台灣大學商學碩士、政大企管博士。曾任潤泰紡織、潤泰建設董事長，現為潤泰集團總裁。一九九六年八月成立大潤發，進軍量販店市場。二〇〇四年榮獲中國土木水利工程學會會士榮譽，並任台大土木系兼任教授。

德銀遠東投信總經理張一明

釣竿下等出醒醐味

四十多年的釣魚習慣，讓張一明培養出敏銳度，與判斷假訊息的能力，幫助他沉著面對瞬息萬變的投信市場。

雖然年近半百、又身處瞬息萬變的投信證券業，但德銀遠東投信總經理張一明卻總是充滿活力，面對媒體採訪有問必答、思維清晰。二十多年來，能沉著面對高壓的工作環境，靠的就是長久以來和「釣魚」的淵源。他笑著說，除了偶爾打高爾夫球等運動外，「能夠健康又開朗的面對人生，都是因為釣魚帶來的體悟和樂趣！」

當初，張一明會迷上釣魚，竟然只是因為小學同學的一張快樂笑臉。「國小三年級，某次跟著同學到台中公園釣魚，看到同學因為釣到魚，滿臉開心的表情，讓我至今難忘！」從此開啟他對釣魚的興趣，至今四十年未中斷。

只要一有空，張一明就會拎起釣具，到山區溪邊或水庫邊垂釣，宜蘭武茖坑溪、台中大甲溪、新北市新店區的北勢溪，以及石門水庫、曾文水庫，都是他經常報到的地方，有時候可釣上好幾個小時，甚至一整天。

為了釣魚，他往往必須步行登山，雖然不是什麼崇山峻嶺，但對從小在台中都市長大的他而言，仍是難得健身的機會，「壓力大時，到山區走走，既可吸收芬多精，放眼望去又是好山好水，讓人很難不放開心胸，」張一明認為，大自然真的具有難以言喻的療癒功能，讓人產生新的能量，面對次日的高壓工作。尤其到深山中的小溪畔釣魚，「越近溪流的中上游，水質越清澈，能給人反璞歸真之感，」他喜悅的分享。

§ 準備、學習、享受等待

除了接近大自然，釣魚更讓張一明學得面對工作、生活的重要態度，「釣魚不是可速成的娛樂，而是必須透過長期等待、細細觀察，才能收成的興趣。」

事前做功課就是其一。釣魚前，張一明會蒐集該處溪流相關魚種與生態、現場地形的資料，選擇適合的釣竿、釣鉤和魚餌。例如淡水魚體型較小、魚嘴也較小，無法咬住大型魚餌，因此如果要到淡水區釣魚，就要選用較小的魚餌。

他的暫停	到山區溪邊或水庫邊垂釣，可釣上好幾個小時甚至一整天。

而在垂釣過程中，張一明也會觀察其他釣客的釣魚手法，若有人頻頻有魚上鉤，他就會觀察該釣客選擇的位置、釣具，以及等待收竿的時機，甚至當面討論請教訣竅。他笑說，「學起來後，受用無窮。」

雖然喜歡釣魚，但是張一明卻不會把魚帶回家，他釣到魚後就會立即放生。甚至為了怕魚兒因魚鉤受傷，張一明堅持用無倒鉤的釣鉤，因為倒鉤對魚嘴傷害較大，掙脫過程中傷勢會惡化，可能危及生命。他認為，反正釣魚不是為了漁獲，重要的是享受走入大自然、等待的過程。

張一明也發現，投信業在觀察投資市場變化時，與釣魚所需要的能力很接近——判斷訊息真假相當重要。釣魚的人如果氣不夠沉穩、太躁進，很容易因為浮標一動，就以為魚兒已經上鉤了，急著拉竿、收線。張一明說，實際上，該浮標的一次抖動可能只是假象，「就像投資市場常出現的假訊號。」

例如鯽魚是分布廣泛的淡水魚種，從台灣西部的溪流中、下游，到湖泊、溝渠裡，甚至河海交會處的淡水河都有牠們的蹤跡，但是卻很難被釣到。原來，「因為鯽魚常要以碰觸、搖動等方式多次試探釣餌，才會真的咬餌，」所以釣魚者必須嘗試三、四次，甚至五次，才能夠拿捏出，真正魚兒上鉤的魚訊、乘勢拉竿，才能如願釣到鯽魚。

相較之下，有些魚種個性就較不謹慎，例如吳郭魚，一看到魚餌，就會

他的前進

從釣魚中養成凡事先了解、研究後才行動的個性，
面對投資市場變動時，更沉得住氣。

立即咬住，因此成為釣客最容易釣到的魚類，他說，「這就如同心思透明、易被看穿的市場投資客。」

因為多年的釣魚經驗，張一明養成凡事先了解、研究後才行動的個性，這一點讓他在面對變化多端的投資市場時，十分沉得住氣，「不要因為浮標只是抖動一下，就急著拉起魚竿。」張一明說。

張一明　小檔案

一九六三年生，成功大學交通管理科學系、中山大學企業管理研究所畢。曾任保誠投信代理總經理、渣打投顧總經理、柏瑞投信總經理，現為德銀遠東投信總經理。

盟創科技總經理張江林

橋牌教我的事

十八歲起開始打橋牌，張江林體認到商場如賽局，成敗不在一時，懂得掌控籌碼與風險，才有機會成為最後的贏家。

多年來在科技業擔任要職的張江林，雖已年過五旬，卻總是笑盈盈、從容不迫。現為盟創科技總經理的他，自十八歲就讀交通大學電子工程系起，就因嗜玩橋牌的室友而開始接觸橋藝，從此愛上了這項堪稱「大腦健美操」的益智遊戲。

之所以迷上橋牌，張江林說，橋藝雖然只有五十二張牌，卻有無窮變化性，可讓人發揮智慧，還能培養邏輯、判斷力、記憶力和促進與夥伴的合作情誼。

張江林說明，打牌時必須非常專注隊友、敵方的出牌情形，「在高度專注下，就能忘記工作的煩憂，同時釋放壓力。」且因他參加原由交通大學校友發起的「思源橋社」，每次見到這些牌友，因有共同背景，即使現在身處不同行業，但看到牌友，就有種回到大學時代的熟悉感、溫暖感。

另外，橋藝有完整的理論根據、精深的內涵，吸引他長期投入鑽研。張江林表示，橋藝可說是「入門易、精進難」的娛樂活動，它包含機率、理論、邏輯等技巧，甚至猜測他人出牌方式與用意等，都可鍛鍊人的思考力，「求知欲旺盛的我，每回體悟到一種技巧、邏輯，彷彿腦力又再精進了一些，就會有難以言喻的滿足與快樂！」

§練習察言觀色的場域

張江林分析，橋藝除了規則、機率成分外，也考驗一個人對於人性的認識程度，因為橋牌桌上的牌家資訊相當透明，如何思考牌張分配、了解對方動作背後含義，以免被誤導，還要適時製造假象，讓對手中計或困惑，這都屬於心理層面，也需要足夠的經驗。

舉例來說，打橋牌時，合作的夥伴若是個急性子，這時張江林就會放緩速度，以免兩人均過於急切、壞了牌局；另要觀察對手態度，「若對手很積極，可能是虛張聲勢，或真有一手好牌，這時就需要長期對此人性格的了解，來輔佐判斷。」

如同科技公司有時必須搶訂單，要知道其他公司握有的籌碼，例如生產

他的暫停　打橋牌時必須全心專注，在享受友誼與鬥智樂趣中，釋放工作壓力。

線多寡、良率情形、掌握的技術等，了解虛實後才能下手。他表示，就像每次都要先綜觀全盤牌勢，才能出手。商場上也要先盱衡局勢，思考規畫公司經營方向，才能著手進行。「切忌魯莽躁進，」是張江林從橋藝中學得的工作態度。

觀察人性的技巧也讓張江林應用在面試員工上，即使未與應試者切磋橋藝，他也學會「觀其行，知其人」，從一個人眼神、說話速度、臉部表情等肢體動作，來了解應試者個性，進而決定是否任用，或應將此人放在何種職位，才能充分展現戰力。

由於他常面試業務人員，若該業務人員須具備積極性格，他就會在面談過程中試探應試者，「例如，我會問他，日本發生三一一地震後，你還願意赴日本福島完成工作嗎？」若應試者回答願意，通常顯示該應試者較為積極、願意冒險。

但張江林強調，由於應試者口頭的說法未必反映真實想法，因此即使回答願意，「若眼神非因害羞而顯得逃避，或是原本的說話速度變慢，都可顯示該應試者真正的個性，並非如其口頭所稱的內容。」他笑稱，「經過多次試驗，顯示這種『視』人之明可減少錯判率。」

張江林從橋藝過程中，體悟到合作、培養默契的重要性，也運用在公司經營管理上。在橋牌賽過程中，他會和同組夥伴在賽前先討論一份制度

他的前進　活用橋藝智慧於科技業的競爭生態中，總會綜觀局勢後再出手，絕不躁進，也學會坦然接受失敗。

（system）做為「溝通」工具，之後隨時修正、檢討內容。由於他視橋牌為「正事」在經營，因此很投入的研究進步、獲勝的方式。

§釋放壓力更看淡輸贏

就像公司營運一樣，先訂定明確的制度讓員工遵循；若有問題隨時修正、改進，「而且橋藝更讓我認定員工是夥伴，大家必須培養默契、彼此信賴，才能讓公司成長。」張江林直言，企業不能只靠薪資、紅利等吸引或留住員工，還要凝聚人心，營造向心力，「自從以此信念經營公司後，員工流動率明顯降低。」

另外，張江林幾乎每個月參加一次橋藝比賽，閒暇時還會研讀橋藝相關書籍，堪稱「用功學生」。然而，積極練習橋藝的結果，反而讓他釋放壓力，並學得「坦然接受失敗」的人生觀，「否則身處瞬息萬變的高科技業，工作壓力實在太大，如果沒有適當出口宣洩，真的難以為繼。」

為何橋牌特別能讓人不計較輸贏？張江林說，相較於圍棋、象棋等，橋牌每回合時間較短，一結束後立即進入下回合，且輸贏不僅靠技術，還須牌運等配合，參加者不須太在意成敗，也讓人較能看淡輸贏；也因每回合時間短暫，玩家沒太多時間懊惱、難過，也就不會患得患失。

他感嘆道，這就像高科技業，一個技術改變、產品革新，就可能牽動整個產業鏈，有時不是單一公司能自主的，因此對於結果也只能盡力，但求無愧於心。「贏了很開心，輸了也無妨，這就是人生的寫照。」張江林笑著說。

張江林 小檔案

一九五七年生，交通大學電子工程系、政治大學企研所畢業。曾任阿爾卡特公司東北亞行銷副總、合勤科技執行副總經理，現為盟創科技總經理。

把自己從I型人變T型人

在大前研一《OFF學》一書中，提出「會玩，才會成功」的生活守則。大前研一主張將工作時間與生活時間予以切割，提升生活時間的品質，利用生活時間進修、拓展人際關係與經營家庭，工作時間才有意義。藉由「有計畫的休閒」轉換心境，得到更大能量，讓工作表現更加突出、有創意，才是「人生的達人」。

《下班後的黃金八小時》一書更主張，一日之計始於下班後，下班後珍貴的八小時決定一個人的幸福與財富。他稱能利用下班後八小時創造出成果的人為「創八者」（Cre8tor）。

「創八者」也就是哈佛商學院教授桃樂絲．巴頓（Dorothy Barton）於一九九五年提出的「T型人才」（T-Shaped people），直軸代表對工作領域的專精，橫軸代表廣泛的興趣與潛質，要有協調整合性。

她特別在《知識泉源》（*Wellsprings of Knowledge*）一書中提到，像微軟、惠普等科技巨人，需要的不只是工程師，而且必須是擁有第二、甚至第三專長的T型人才。

而IBM資深副總裁尼克．多諾弗力歐（Nick Donofrio）在一項國內公開舉辦的「標竿領袖論壇」呼應了巴頓的說法。他在演說中直指，既專業又多元的人才對於企業創新的重要性，並且認為，要啓動創新，最根本就是由「I」型人轉變成「T」型人。

他表示，「I型人的思維深度細而長，卻看不到、想不到那些熟悉事物以外的範圍；T型人則兼具深度及寬度，勇於跳出自己熟悉的範圍，並改變、創新。」

太過執著某單一專業，將可能走入越來越狹隘的路；保持業餘興趣，則能延伸視野，保留思想寬廣度。已走入傳奇的蘋果創辦人賈伯斯，就是最好例子。

早在大學時期，賈伯斯便決定把上課當興趣，但卻不想上無趣的必修課，於是他從里德學院休學，因為沒有宿舍可住，得在朋友家打地鋪，並靠回收可樂瓶罐換錢填飽肚子，然後去聽他喜歡的課，其中，包括里德學院堪稱全國最好的英文書法課程（calligraphy instruction）。

賈伯斯學習字體之美，在不同字母組合時變更字間距，也學活版印刷，從中體認到書法的歷史與藝術，是科學文明無法取代的。在學書法的當下，他沒想過學這些字會在將來如何影響他的人生。

但十年以後，當他設計第一台麥金塔電腦時，腦海裡自然浮現那些美麗的字體，於是把那些字體放進麥金塔，讓麥金塔成為第一台能印出漂亮字體的電腦。他說，「如果我沒愛上書法課，麥金塔就不會有這麼多變化的字體。」

台菜總鋪師阿勇師

古典樂與古早味

白天打完廚房的「戰役」後，晚上回到家，阿勇師總會坐在音響室，隨著不同心情變換曲目，將音樂當成避風港，沉澱疲憊的身心。

路邊搭建的臨時廚房裡，阿勇師正穿梭在特製的大型爐具之間，旁邊堆疊正蒸騰著熱氣的蒸籠，阿勇師細心的關注火候，做著最後的檢查，準備把招牌的「蒜茸龍蝦」端上桌。

這樣的總鋪師人生，讓阿勇師幾乎每天都有一至兩場「戰役」要打，雖然年屆六十的他，已逐漸把外燴生意交棒給下一代，退居幕後做菜色研發，但早上規畫完菜色，下午他還是習慣到辦桌場地巡場，這裡叮嚀一聲，那裡交代一下，著重細節的他，每個環節都絲毫不馬虎。

直到回到家，走進洋溢歐風的自宅，他才真正放鬆下來。每天晚上，他總是習慣晃進彷彿小型音樂廳的音響室，讓樂音滌清一天的疲憊。

一般人很難想像，這個一輩子都與爐火、菜刀為伍的總鋪師，興趣居然是聽古典音樂。

人稱「阿勇師」的汪義勇，有個做外燴的父親，他從小跟在父親身邊，八歲就開始洗碗、十三歲就下廚；如今，他已是台灣赫赫有名的總鋪師，好口碑讓前總統陳水扁嫁女兒、觀光局在安平古堡宴請國際友人及大企業動輒數百桌的尾牙宴，統統指名由他包辦。

§將美感移植到流水席

除了堅持台菜的「家鄉味」，將著重「手路」的古早味端上桌之外，阿勇師的「辦桌」最讓人津津樂道的就是「中菜西吃」，不管是擺盤餐具還是桌椅布置，吃阿勇師的辦桌就像在吃西餐，為刻板印象中俗擱大碗的辦桌，開創全新的精緻格局。

Discovery頻道還曾經採訪阿勇師，把他顛覆台灣傳統辦桌文化，提供五星級菜色與外燴服務的報導放送至全亞洲。

曾經辦過一桌五萬元套餐式外燴，也曾經創下單場八百桌的辦桌紀錄，阿勇師跳脫了本土總鋪師的包袱，敢玩別人不敢玩的局面，將「美感」運用在流水席上，而這一切，都是音樂給他的啟發。

坦言自己從小就愛音樂，但因為家庭環境不允許他花太多時間學習樂器，有了自主能力之後，阿勇師心想：既然不能習藝，那就欣賞吧！

一開始，他先是聽些南胡、二胡等國樂，三十歲那年，因為蒐藏骨董、油畫而認識的同好，將他領進古典樂的殿堂，他第一次接觸的古典音樂，就是卡拉揚指揮柏林愛樂演奏的貝多芬《命運》交響曲，當下的震撼，讓阿勇師從此愛上了古典樂。

除了感染貝多芬的激昂，他也震撼於卡拉揚指揮的魔力，這讓他想到自己帶領著外燴團隊，就像一個樂團指揮，「團隊沒有我不行，我沒有團隊的成員也不行！」因為這樣的共鳴，讓阿勇師對掌控全場的卡拉揚崇拜不已，從此把卡拉揚視為偶像。

如今，他的音響室裡就掛著一幅已過世的卡拉揚的畫像，代表著音響室的主要精神。

傳承傳統的辦桌文化，走出廚房之後，阿勇師回到自己設計的歐風透天厝裡，平常過著喝紅酒、吃美食、聽古典樂的愜意生活，每年的農曆七月辦桌淡季，他就出國坐遊輪、聽音樂會、去地中海度假，到維也納聽名家演奏。

他的透天厝裡，有一間三十坪大的音響室，安置了他最重要的放鬆武器——音樂與音響。

走進這間音響室，只有識貨的人才看得出那個Thorens唱盤是英國設計、

他的暫停	聽震撼的古典樂發洩壓力，聆聽輕揚的鋼琴小品平靜心靈。

西德製造，編號九十一號，全世界僅有一百台，搭配Jadis擴大機、Westlake喇叭，加起來千萬元等級的音響組合，就像個縮小版的音樂廳。無法去維也納的尋常日子，阿勇師就是坐在這裡享受他的音樂饗宴。

有朋友來的日子，他會開心的下廚做菜，再搭配對味的樂曲和紅酒，來場「音樂饗宴」，與朋友分享的曲目，則隨興所至；壓力大的日子，他就自己一個人關在音響室裡，先用震撼的交響曲發洩，再轉聽輕揚的鋼琴小品，例如先聽貝多芬的《命運》、《悲愴》，再聽莫札特的《小夜曲》，讓心靈趨於平靜。

從貝多芬聽到德弗札克、莫札特，阿勇師坦言，最是難忘第一次聽卡拉揚指揮貝多芬交響曲的震撼，但這幾年來，他習慣跟隨不同的心情變換樂曲。

§音樂與料理的人生協奏曲

甚至，有時在廚房中忙的時候，腦中會突然閃過一段旋律，並且讓他一整天都渴望聽上一段。所以，常常還沒回到家，他就已經設定好當天想聽的曲目了。

房子裡另一間巴洛克風格休閒廳，牆上掛著擅於描繪音樂歌劇的法國畫

他的前進　受到音樂的啓發，在擺盤餐具與桌椅布置仿照西餐設計，開創「中菜西吃」的精緻格局。

家維士巴修（Weisbuch Claude）的版畫，挑高木櫃中擺著近三十年來蒐藏的八百多片黑膠唱片。

這位拿著鍋鏟卻聽莫札特，把廚房當作音樂廳指揮的台灣總鋪師，從來不覺得自己像外人眼中的跳tone。他說，藝術是一種創作，料理也是一種創作；音樂與料理就好像兩種不同的樂器，演奏出來的旋律各有風味，偶爾交錯，卻又和諧，十分優美。

坐擁連音樂發燒友都羨慕的音響設備，阿勇師笑著說，入行四十多年來，每天他在高溫的廚房中用流汗賺來的每一分辛苦錢，都投資到興趣和生活之上。就算常常一天工作十八個小時以上，回家後只要走進音響室，他就能放鬆下來，並撫平疲憊。

對他來說，音樂就是他的避風港，他謙虛的說，其實自己根本不算音響專家，也沒有特別在意音場、音響等發燒友關心的事情，他只是單純喜愛音樂給他的美好感覺。

他比喻說，辦桌就像打仗，而且他戲稱自己就有如野戰部隊，隨時都要懂得應變。對他來說，人生就像是廚房，要打拚，也要適時關火，讓自己休息一下。而這種時候，音樂就是他的避風港。

這就是阿勇師，為了賺錢養家，帶著鍋碗瓢盆奔走台灣大小鄉鎮，用辦桌記憶人情味及家鄉味；為了滋養心靈，每年搭飛機遊法國、英國、義大利，聽音樂、嘗美食，用音樂奏出不平凡的辦桌人生。

阿勇師　小檔案

本名汪義勇，一九五三年生八歲開始從最基本的洗碗、收拾等雜活做起，十三歲就下廚；現任阿勇家餐飲事業行政總監。

國泰投信董事長張錫

每天四十分鐘靜心拳

除了固定早起打拳，張錫改良拳法，即使在辦公室也能練習；開會當下，也能用呼吸調氣，放鬆緊繃情緒。

對於一個代操二千二百億元資金的人來說，早上起床第一件事是什麼？打開電腦，看歐美股市收盤指數；收看CNN，看有什麼國際大事發生？都不是，打太極拳！這才是國泰投信董事長張錫每天的第一件功課。十七年來、六千多個日子裡，他說，九八%的時間一定起床練拳。家在永和，早上六點鐘，家裡的小小露台，就是他的世界。

也就在這十七年裡，張錫從一個普通的投信研究員，被挖角成為ING安泰投信最年輕的投資長。更以不到四十歲的年紀，出任國泰投信總經理，二〇〇一年七月，他被委以重任，代操國泰人壽台股投資部位，二〇一三年三月，更升任為董事長。即使工作越來越忙碌，但每次見到張錫，他卻總是面色紅潤、不疾不徐，這跟他每天的第一課——太極拳的關係密不可分。

他的暫停	每天早上起床先打40分鐘的太極拳。

張錫接觸太極拳，其實是始於一個奇妙的經驗。從小，張錫就是個「武功迷」，上了大學，一次少林拳社團集訓，張錫跟同學們比賽誰能跳上比半個人還要高的講台。結果沒站穩，從高處跌下，傷到脊椎，眼前當場一片黑。

在眾人都束手無策時，一位公園裡練太極拳的老先生跑來幫張錫按摩穴道。在黑暗裡，他感受到一股熱氣傳進他身體。等老先生按摩到他頭頂百匯穴時，張錫眼前一亮，視力恢復了。自此他深信太極拳的功用，告訴自己以後一定要學習太極拳。

二十九歲那年，張錫進入群益投信，還加入當時群益董事長葉志勇鼎鼎大名的「研究員魔鬼訓練營」，平均招十個人進來，只有兩個人能留下。五分之四的淘汰率，壓力可想而知。

這個時候，太極拳從原本只是一項「興趣」，變成了張錫紓壓的一種方式。「因為，知道工作壓力大，所以必須找個東西讓你分散注意，或者紓壓也好。」

尤其身處投資圈，每天看盤，「心靜」、不隨市場起舞，是致勝的關鍵。

他的前進

透過太極拳練「靜」、調氣、呼吸，
每天看盤時都能保持心靜，不隨市場起舞。

§由內而外調氣靜心

練太極拳，讓四十七歲的張錫不只能保持身體健康，更練就了能「靜」的心理素質。「太極拳是練『靜』，練身心、調氣、呼吸、安靜，它是由內而外，是自己跟自己。呼吸、緩慢、安靜。」「一個東西要能持續，一定要它簡單、有效、限制少。所以我把它（指太極拳）簡化成很基本的功法，」張錫強調。

簡化，正是張錫能夠不間斷，每天早晨練太極拳，並且多年不中斷的秘訣：他打造了一個不斷改善、調整的正向循環過程。

太極拳的門派很多，例如楊氏、陳氏太極，張錫都練過。但綜觀這些拳法的特色是，他們都需要「走位」，需要一個五、六平方公尺的空地才有辦法練習。一般人家裡很少有這樣的場地，雖然張錫以前都在公寓的頂樓練習，但總是會碰到下雨、天氣不佳，這些都是他持之以恆的絆腳石。

為了改善這些限制，最後，他想出了一套獨一無二的練法。

不同於在公園裡看到的太極拳法，張錫的改良版本只需要在辦公室一個小小空間就能做：以太極拳起手式「捧履擠按」來說，他做完一次之後，右腳向後方再踩四十五度，重新再做一次。因此，在一個一．五平方公尺的空間裡，他就像個超慢速陀螺一樣，面對不同方向、綿綿不絕的練習同一個動作。

因為去除了習慣的絆腳石，張錫現在即使出國，也一定會每天早上在飯店房間裡練上四十分鐘，熱身、練拳、站樁，「這東西一定要方便才能持續；如果不方便就很難持續，持續之後，就成了習慣，不做都覺得怪怪的。」

享受到這個好習慣的好處，現在，除了早上四十分鐘練功外，連日常在公司開會，若感到壓力稍大，他也會不動聲色的在位置上，舌頂上顎，用腹式呼吸調息、放鬆，「練功就是練這種境界，讓自己可以比較平靜。」

「簡單、有效、限制少」的七字心法，幫助他每天早晨自處，練就了他隨時可以放鬆的好本領，成為他征戰投資圈的最佳本錢。

張錫　小檔案

一九六六年生，成功大學工學管理研究所畢，曾任群益投信研究員、群益中小基金經理人、資產管理部協理，後轉任ＩＮＧ彰銀安泰投信投資長，現為國泰投信董事長。

吳氏日文創辦人吳其哲

讓心只記得美好影像

為了追女友，吳其哲一頭栽入攝影世界，而愛櫻如痴的他，幾乎每年都背負重達二十公斤的攝影器材造訪京都，就只為了拍櫻花！

到日本賞櫻，是許多台灣人一生必完成的夢想，對「吳氏日文」創辦人吳其哲而言，更是如此。三十一歲那年，吳其哲決定自日返台，自行創業，開發吳氏日文學習法。為了要編撰出令人賞心悅目的日文教材，他原想向別人購買一張櫻花照片，對方卻索價六千元；熱愛攝影的他，心念一轉：「何不自己來拍？」

沒想到，一拍就上癮，幾乎年年都飛往日本拍櫻花，直到圖文並茂的日文教材出版後，吳其哲才赫然發現，「其實我自己拍的櫻花照片，每張都比當初的六千元還要貴！不過，往好處想，這輩子美好的攝影經驗，可是有錢也買不到。」

為國內許多大老闆啟蒙日語的他，一談起最愛的攝影嗜好，總是興奮的眼神發亮、滔滔不絕，直說：「我拍照比工作更認真！」

§珍藏四十多年老相機

早在國一時，吳其哲從父親手中得到生平第一台Nikon機械式相機開始，就深深著迷於鏡頭下的世界。

「當初會一頭栽入攝影，說穿了，是為了泡妞、追女孩子，」他羞赧的說，雖然自己的身材不夠高大，但透過拍照而追到的女朋友，各個都是身材姣好的長腿美女。

年輕時，吳其哲喜歡拍漂亮的女孩子，在朋友圈中可是相當有名，甚至男同學曾忍不住抗議：「你拍哥兒們，不用一秒鐘；拍漂亮妹妹，卻是一個鏡頭喬了老半天。」

吳其哲不諱言，透過攝影鏡頭，觀看被拍攝的主體，在聚焦效果下，能呈現出被攝者最令人心動的神情，也因此，讓他的心思變得更細膩，「懂得欣賞美的人，個性都比較樂觀，因為會記得人生最美好的一面。」

而且，那種深入人心之美，歷久不衰。就像是初戀情人的照片，吳其哲至今還小心翼翼的保存，留下了青春歲月時的純愛回憶。即使到現在，這台陪伴他已有四十多年之久的傳統機械式相機，仍完好如初，是吳其哲最值得信賴的夥伴之一。

有趣的是，隨著年紀增長，吳其哲現反而愛拍美景，特別是對櫻花和楓葉更是瘋狂痴迷。他辦公室裡掛著一幅京都祇王寺的大照片，是他首次體驗到「十五秒神蹟的得意傑作」！

隱身於山嵐之中的祇王寺，又稱為往生寺，葬著一位美麗出眾的京都舞妓「祇王」。她原本受到平氏家族領袖平清盛的寵愛，後因平清盛移情別戀而備受冷落，年僅二十一歲時，決定落髮為尼，遁入空門。

祇王寺庭院地上，長年缺乏陽光照射，布滿厚厚青苔。春天時，在盛綻的櫻花映襯下，苔庭帶著淡淡的美麗與哀愁。拍照當天本沒有陽光，吳其哲在心中默禱：「我想將妳的故事流傳出去，讓更多人知道，請給我一點光，只要短短幾秒鐘就好。」

§ 抓緊神賜的十五秒陽光

瞬間，金黃色的陽光居然穿透層層枝葉灑落而下，且是四十五度斜角的斜光，他立刻按下快門，不到十五秒，陽光頓時消失了。等到吳其哲回過神來，才發現自己不知不覺中已拍了一捲又兩張的底片，「那種層次豐富、色彩鮮豔的立體感，簡直是美呆了，我一輩子也忘不了！」

這次的經驗，也讓吳其哲體悟到：美好，都是瞬間的。想要拍好照片，光線很重要，必須耐心等候。但是當鏡頭捕捉祥和又綺麗的意境，按下快門

他的暫停	透過攝影欣賞美好的人事物，心思變得細膩，體力的負荷和等待都值得了。

的剎那，腦海中也會永遠記住當下瞬間的美好。

由於要搶得拍照的最好時機，櫻花季一到，他便背著二十公斤攝影器材前往京都；為避開遊客，他一大早抓了一塊麵包或一顆蘋果，就衝到景點；當別人開心在櫻花樹下享受美食時，他寧可餓肚子，拍完就立刻趕往下個景點。

「每天早出晚歸，不像在賞櫻，倒像是苦行僧，」吳其哲笑說，在京都拍櫻花時，他曾連續十四天瘋狂使用腳架，因為腳架太重的關係，直到在返台的機上，才發現他的雙手一直抖不停，連筷子都握不住。

由於櫻花需要雨水滋潤，以便長葉，通常櫻花季天氣多陰雨。曾旅居日本十年的吳其哲觀察，賞櫻期間，約只有三分之一的機會能拍到晴空下的櫻花，也就是三天只有一天遇到陽光露臉，其餘多是陰天或下雨。

他曾連續五年赴日拍櫻花，卻因氣候異常，始終沒拍到令自己滿意的照片，光是京都的上品蓮台寺，就去了二十幾趟，「我最喜歡上品蓮台寺的八重紅枝垂櫻，隨風搖曳的姿態，非常迷人。」

吳其哲不愛有人出現在他構思的畫面上，所以一旦在遊客如織的觀光勝地拍照，他就得耐心等待時機，不然就是苦等到廟宇關門前一刻搶拍。

二〇〇九年，埃及阿布辛貝神廟（Temple of Abu Simbel）前的無人夜景，至今仍是他津津樂道的得意作品。神廟建築宏偉而精巧，入口處有四尊

他的前進　每年到日本拍攝櫻花，不僅是和自己的幸福約定，美照也能運用在圖文教材上。

拉美西斯二世巨像。

為拍攝無人的阿布辛貝神廟，他刻意等到晚上，懇求警衛：「拜託，只要讓我拍短短五分鐘就好。」警衛伸手作勢要錢，吳其哲連忙付錢了事，並趕緊架起腳架，喀嚓、喀嚓的按下快門。當警衛來趕人時，吳其哲厚著臉皮繼續硬撐，直到警衛索性把燈全部關掉了，他才依依不捨的扛著器材離開。

向來追求細膩感的吳其哲，堅持使用傳統底片相機，不愛時下流行的數位相機，因為傳統底片就像黑膠唱片，儘管已式微，卻有無法取代的獨特味道。雖然長期背負攝影器材，使他的脊椎受傷，「但只要四周的大小照相機，不時傳來迴片的捲軸聲，這些聲音最能解除背負十餘公斤攝影器材所產生的疲憊；加上若能拍到好照片，就會高興到整晚都睡不著！」

他曾有位攝影同好，中風後只能靠輪椅行動，僅剩右手能自由使喚，於是請家人將相機掛在他的頸部，直到逝世前，仍持續以右手捕捉影像。現年五十七歲的吳其哲，希望一輩子都能快樂的拍照，「我永遠都不會放棄對攝影的熱愛。人生有這樣的興趣，是最幸福的了！」

吳其哲　小檔案

一九五六年生，日本上智大學經營學系畢，吳氏日文教材創辦人，為台灣日語檢定名師。

中國人壽區經理邱俊傑

學品酒切換人生模式

因為不想再當「辦公室山頂洞人」，邱俊傑在客戶介紹下，踏進浩翰的品酒領域，不僅平衡生活、豐富聊天話題，也蓄積了工作能量。

「品紅酒，香味占七成、味道占兩成、口感占一成；其中香味還可以分成天、地、人三層，『天』指的是葡萄種植氣候，陽光充足味道偏甜、日照少則偏酸，『地』關乎土壤，第三層的『人』則跟出產酒莊有關，」侃侃而談紅酒學問的人，不是紅酒達人楊子葆，而是學品酒僅兩年的中國人壽區經理邱俊傑。

邱俊傑，三十二歲，七年前，他以最年輕之姿、二十五歲坐上區經理之位，相較中壽全台七百五十位區經理平均四年晉升，硬是快了一年。當時，二十五歲的他，年薪約二百五十萬元，是同學的三倍。

分析其薪資結構，新保戶、舊保戶、管理職獎金各約占三分之一；也就是說，即使肩負管理職，他平均每年仍多出五十個新客戶，且持續十年。

「他的客戶都是年繳約六到十二萬的上班族，小單，但也因為數量不斷增加，才能十年維持年薪三百萬不掉下來，」邱俊傑上司、中壽處經理熊秀美分析。

入行的前三年，他只休過年假，一週工作七天，是典型的工作狂。三年後，他開始有週休二日；再過兩年，他一週只工作四天，因為陌生拜訪減少，客人轉介業務增加，至今手握一千個客戶。

跟許多超級業務員一樣，勤打地基是邱俊傑入行前三年的生活；哪裡有客戶，就往哪裡走，一天工作十六個小時，休閒只剩睡覺。因為勤走耕耘，透過轉介紹，他將客戶數從零突破到二百五十位。

他篤行金氏世界紀錄保持人、汽車銷售天王喬・吉拉德（Joe Girard）的說法：「一個客人背後站了五十個朋友，」意思就是得靠老客戶幫你口碑行銷。因此當他去拜訪桃園客戶時，會順便多帶七杯豆花，一起請客戶同事吃。多一份用心，不僅原先客戶買保單，其他吃豆花的同事，也成了保戶。串粽子跑單模式，一個老客戶，就為邱俊傑滾出三十張保單，也讓他三年就成了最年輕的區經理。

§ 學品酒後才開始懂生活

然而，過長的工作時數，讓他即使與年邁雙親住在一起，卻很少陪伴。

他的暫停	學品酒也學到新知識，讓生活變豐富，對自己充滿價值感。

他出門，他們還沒起床；他回家，雙親已經睡了。因此在站穩第一步後，他體會到工作要有續航力，生活就要擁抱雙B（Better Balance，適當平衡）。「對業務員而言，並非只是每分鐘都賺到錢，還包括善用時間與家人相處、休閒玩樂，重新讓自己恢復活力，」他表示，「不該只是所得提高，更該成為品質更好、更開心的人，讓時時刻刻充滿價值感。」

不想當忙得只剩下工作的「辦公室山頂洞人」，最後變成不會關心其他事，也沒有主動學習的欲望。他決定切換工作模式，晚上六點以後的生活，以健身和參加社團，取代以往拜訪客戶行程。

一位科技業客戶的介紹，引領他進入下班後的品酒課。一開始，滴酒不沾的他很不習慣，常一杯下肚就滿臉通紅，直到發現品酒知識浩瀚，才讓他改變固有想法。他從品酒中學到，白酒冰鎮三十分鐘格外香甜，不懂產地和莊園沒關係，只要看到瓶裝上有「Moscato」和「Riesling」的英文字，品質中上，花費僅三百元；而認清「Shiraz」和「Merlot」字樣，就能選出一支費用約五百以下的紅酒。無心插柳的他，卻開啟了另一種生活情境。

視野打開是第一個收穫。邱俊傑表示，過去埋首於工作，話題不脫保險、商業等專業語言，即使閱讀也與成功有約，品酒後，會想進一步了解酒的產地，甚至旅遊時也想安排到葡萄產區一遊。

回饋在工作上，客戶族群打擊面增加。他坦言，在品酒課中，結識工作

他的前進

在品酒課中結識不同族群，社交圈打開，朋友主動變客戶，順利攻下第一千個客戶。

上不會遇到的族群，如酒訊專業雜誌總編輯、科技新貴等。上課過程中，沒有過多目的取向，反讓同學們在互動中認識他私下一面，不用提就開口跟他買保單。例如，一位學員媽媽就因觀察他參與課程的熱情，全家五口都跟他買了約一千萬元保單，如果再加上他過去擅長的「串粽子」人脈滾利，光這位客戶就帶來五十張新保單。

品酒的「下班競爭力」，也為他攻下第一千個客戶，社交聚餐的場合也成了人脈擴展場。他從品酒課中了解，很少喝酒的人口味偏甜，社交、朋友聚餐，他就會選偏甜酒款，「接受程度高達九成，」他表示，如遇到老手聚會，則要帶酸澀感重的酒款。就在酒酣耳熱中，話題開始交淺言深，不用談生意，買賣自動上門，就這樣，從學員到社交圈打開，二〇一二年他的客戶數突破一千人的業務員魔咒關卡。

在下班後的時間表中，填上品酒嗜好，曾是邱俊傑擺脫工作時鐘的出口，但帶來的人脈滾利卻意外的大！

邱俊傑　小檔案

一九八一年生，入行前三年因勤走耕耘客戶，二十五歲獲得快速晉升，現為中國人壽區經理。

建築設計師王禮文

享受打鬥中的清明時刻

透過散打拳擊訓練心性，讓原本溫和的王禮文，勇氣十足；同時也改變工作慣性，擺脫熬夜、工作更有效率。

白天，王禮文是位溫文儒雅的建築設計師；晚上，他褪下西裝外套，換上T恤、運動短褲，戴上拳擊手套及護具，搖身變為散打拳擊手。只是，這戰場不是在比武擂台上，而是在現下正流行的格鬥運動館中。

左拳、右拳、左踢、右踢、閃避，在教練的指揮下，王禮文和好友對手郭峙呈你來我往，先由一方攻擊、一方防禦，三分鐘後，再互換動作繼續練習。這三分鐘，王禮文每一揮拳，都扎扎實實的落在對方手裡所戴的護具上，發出「砰砰砰！」的聲響，場面就像是在看功夫或拳擊電影一般。

不消三分鐘，汗水不約而同從他身上三萬六千個毛孔奔瀉而出，臉上立即浮現蘋果般的紅潤。他喘氣的樣子，宛如剛經過生死鬥爭的獅子。練習場裡，緊張的氣息和著汗味，輕輕的瀰漫在空氣之中。

短短一百八十秒，就能夠讓全身的細胞活絡起來。現在的王禮文，打了半小時還能帶著微笑跟我們說話，跟他一起練了兩年散打運動的郭峙呈爆料，一開始，王禮文打不了多久，就已經上氣不接下氣，甚至不停的抽筋，簡直就快要休克了。而現在，他則能練完整堂長達一個半小時的課程。

雖然累，但王禮文就是享受那種將自己全心全意交給「身體」的感覺。「平時上班，我們的腦子都要不停的思考，散打時沒辦法想這麼多，所有的動作，都要熟練內化成自己的一部分，憑著直覺出拳，全然的專注。」王禮文最欣賞的知名格鬥選手格里芬（Forrest Griffin）曾說過：「我享受打鬥中的清明時刻。」（I like that moment of clarity in fights.）在那一段心無旁騖的時間中，格里芬說自己不必管工作，不必管帳單、更用不著在意他人的眼光，只需要將自己丟在當下。

將自己的身體衝刺到極限時，腦內啡開始分泌，讓王禮文如同上癮般愛上運動；「累到翻時，會有種體力完全用盡的愉悅、放鬆感受，很過癮！」

§ 學會控制內心野性

而散打也不只是身體的運動而已，在過程中，還能讓人看見自己的「本性」。台北格鬥館散打教練邱郁智說，學散打除了攻擊，更要懂得挨揍與被

他的暫停	打散打，享受將自己全心全意交給「身體」的感覺； 當練習累到翻時，會有種體力完全用盡的愉悅、放鬆感受，很過癮。

摔。被對方擊倒，是最脆弱的瞬間，真性情自然流露。

有些人過於自滿，練了散打之後，反而能夠收斂個性，了解人外有人的道理。而對於走溫和派路線的王禮文來說，練散打則可以呼喚出自己心中的野性，然後學著控制它。

王禮文解釋，過去自己若是和同事或客戶有歧見，為避免爭執，經常會選擇沉默。但現在，他會以堅定而有禮的方式據理力爭，清楚的表達自己的想法，這是他從散打運動中所學到的「無懼」與克服困難的「勇氣」。在散打場上，得要有股氣勢，一種因為從容自信而散發出來的氣勢，就像獅子優雅的走在林間，牠不必張牙舞爪，大家就都知道牠是森林之王。

自己在一開始完全是個「遜咖」。擁有一百八十公分挺拔身材的他，竟然完全沒有運動細胞，「我連跳繩都手腳不協調！」跳繩是散打運動重要的暖身動作，可以訓練身體肌耐力及靈活度，這理應連小孩都會的運動，卻讓王禮文苦練好久。但他並沒有因此退縮，一條看似簡單的跳繩，激發了他的鬥志，讓他理解到踏實做某件事所得到的回饋與快樂。

為了讓自己在散打方面的表現更出色，王禮文從內到外徹底大變身，他說，散打不只是運動，更是「生活總檢討」的成果。

過去他習慣加班、回家繼續熬夜，隔天就睡晚點再進辦公室，如此惡性循環，工作不見得有效率。現在他為了晚上去上課，就會規定自己早起、提

他的前進

從散打運動中，學到無懼與克服困難的勇氣，
更敢據理力爭表達自己的想法。

早進辦公室，時間到了就去運動，沒做完的公事就等運動結束再說。運動讓體力、精神變好，工作自然更有效率。更重要的是，因為有了這段完全與自己「獨處」的運動時間，身心能夠專注、放鬆，再跟他人相處時，品質也就變得更好了。

為了使自己的身體更加輕盈，有助於散打表現，王禮文每天認真的計算卡路里，大幅減少熱量的攝取，加上規律而持續的運動，竟在短短兩個月間，足足減了八公斤，幾乎將自己當成選手在訓練。

每堂散打課，在激烈的過程之後，會以瑜伽的伸展動作做結束，讓學員的身體稍作休息。而整堂課的最後一個動作，不是秀出李小龍或葉問的招牌武打術，每位學員像是小學生般，乖乖的拿起拖把開始拖地。彎下腰來清潔環境，這是對於自身的謙卑與道場的尊重。

那一刻，散打運動展現的，不只是修身，更是養性。

王禮文　小檔案

一九七四年生，現為李祖原聯合建築師事務所資深設計師。

用二〇%的時間經營嗜好

在《下班後的黃金八小時》一書中，作者羅伯．帕格利瑞尼（Robert Pagliarini）指出，要能維持長久的滿足與成就，工作或事業不是唯一的選擇。

過「雙重生活」是一種更為平衡的新模式——發展出一種愛好，並且以專業態度來經營，成為「第二份職業」。「這『第二份職業』，可以是你目前職業的衍生品，但也不一定非如此不可；它可以滿足你的心靈，甚至讓你有雙倍的收入。」

此外，大前研一根據心理學理論與企業領導人成長軌跡分析，都證明擁有八〇%堅實專業能力之後，還要有二〇%的「不務正業」，才能淬煉出一位全方位的領導人。

理查．柯克（Richard Koch）在《八〇／二〇法則》一書也主張我們人生八〇%的成就和快樂，來自生命中二〇%的時間，而這時間可再大幅擴展，「如果好好利用二〇%的時間，將會發現這二〇%是用之不竭的。」柯克在書中闡述，鮮少有人花足夠時間尋找屬於自己的快樂，對此思考也不夠。

人們習於找間接、且不易達成的目標，如金錢與升職，就算得到了，也會發現那不是快樂的泉源。「金錢買不到快樂，快樂也不是金錢——沒花掉的錢可以存起來加以投資或孳生利息。但今天沒用完的快樂，無法留待明天再享用。」

柯克認為，採行八〇／二〇法則的人，知道什麼叫自己快樂，而且有意識的追求快樂，用今天的快樂來增加明天的快樂。

他不是鼓吹以工作取代遊戲，而是鼓勵，「在工作與遊戲時都要追求高價值與高滿足感的活動。」

這二〇%高價值、高滿足感的遊戲時間，有時意味著不同文化交流、激盪，產生「異場域碰撞點」（intersection），最後引發創意的爆炸。

在《梅迪奇效應》（*The Medici Effect*）一書中便曾提到，一九九五年，紐約市瑞典菜餐廳阿瓜維特（Aquavit），史無前例起用一名才二十四歲的黑人小夥子薩繆森擔任新主廚。三個月後《紐約時報》給予這家餐廳的評價，從一顆星升到罕見的三顆星。

事實上，薩繆森十六歲才開始上廚藝學校學做菜，他的獨到之處在於創意，而這些創意並非來自正規的廚藝訓練，而是在他小時候遊歷世界各地的經歷裡得到啓發。

成功者的5種好樣子

商周集團榮譽發行人	金惟純
商周集團執行長	王文靜
視覺顧問	陳栩椿
出版部總編輯	余幸娟
編輯總監	羅惠萍
責任編輯	羅惠萍、羅秀如
內頁設計排版	小題大作
出版發行	城邦文化事業股份有限公司-商業周刊
地址	104台北市中山區民生東路二段141號4樓
傳真服務	（02）2503-6989
劃撥帳號	50003033
戶名	英屬蓋曼群島商家庭傳媒股份有限公司城邦分公司
網站	www.businessweekly.com.tw
製版印刷	中原造像股份有限公司
總經銷	高見文化行銷股份有限公司 電話：0800-055365
初版一刷	2013年（民102年）5月
定價	280元
ISBN	978-986-6032-28-8

國家圖書館出版品預行編目資料

成功者的5種好樣子 / 商業周刊著. -- 初版. --

臺北：城邦商業周刊, 民102.05

面； 公分

ISBN 978-986-6032-28-8 (平裝)

1.生活指導 2.職場成功法

177.2 102007458